分批入队工作学习与实践指导

吴 楠 编著

山东城市出版传媒集团·济南出版社

图书在版编目（CIP）数据

分批入队工作学习与实践指导 / 吴楠编著 . — 济南：
济南出版社，2022.1
　ISBN 978-7-5488-4903-2

　Ⅰ . ①分… Ⅱ . ①吴… Ⅲ . ①中国少年先锋队 – 辅导
员 – 工作 Ⅳ . ① D432.51

中国版本图书馆 CIP 数据核字（2021）第 279524 号

策划委员会

主　　　任	刘国兴　孟园园
常务副主任	费爱华　王　越
副　主　任	曹延刚
委　　　员	吴　楠　高　艳　隗　伟　马菲菲　张　静　靳莎莎　张　玲
	王文华　邢晴晴　刘东燕　王腾腾　孟娜娜　叶圆圆　袁　冰
	张凤霞　袭　佳　樊　娜　蔡丛丛
审　　　读	柯　英

责任编辑	张　静　乔俊连　孙益彰
装帧设计	刘　畅
出版发行	济南出版社
地　　址	山东省济南市二环南路 1 号（250002）
编辑热线	0531-86131720
发行热线	0531-86131701　67817923　86922073
印　　刷	济南乾丰云印刷科技有限公司
版　　次	2022 年 1 月第 1 版
印　　次	2022 年 1 月第 1 次印刷
成品尺寸	170mm×240mm　16 开
印　　张	10
字　　数	145 千
定　　价	59.80 元

前　言

2019年11月，共青团中央、教育部、全国少工委联合下发了《关于构建阶梯式成长激励体系　增强少先队员光荣感的指导意见》（以下简称《意见》）。《意见》提出，通过"入队激励、奖章激励、荣誉激励、岗位激励、实践激励、推优激励"六类载体增强少先队员光荣感，各类载体坚持自下而上、分级设置、纵向衔接、逐级推荐。其中"入队激励"是少先队员阶梯式成长激励体系的载体之一，旨在通过有组织、分批次地吸收适龄少年儿童加入少先队，从源头上培养少先队员的光荣感和组织归属感。

《意见》还指出，"各省级少工委要按照《入队规程》（见附录1），结合本省（区、市）实际开展分批入队试点，2020年9月全面施行"。2020年1月起，济南市章丘区作为山东省试点区，对分批入队工作先行先试。通过深入研究政策、建立保障机制，广泛调研座谈、制定方案细则，加强督导引导、注重家校合作，及时量化评价、保证公平公正，在全区近300个班级近万名新生中持续稳妥推进分批入队工作，取得了初步成效。

　　本书拟从"实践指导""家校共育""队前学习"三个方面对分批入队工作的历史沿革、重要意义和功能定位进行总结梳理，以期从学校、家长、学生多维度进一步规范分批入队工作，强化少先队组织教育，不断增强少先队员的光荣感。也希望此书能帮助广大辅导员更加准确地理解把握新时代少先队工作的新要求、新思路、新举措，更好地促进分批入队工作稳步扎实推进。本书在编辑过程中得到了全国少先队工作专家柯英老师的专业指导和帮助，在此表示感谢。

目　录

家校共育篇

队前学习篇

实践指导篇

党的十八大以来，习近平总书记站在红色江山后继有人、中国特色社会主义事业兴旺发达的战略高度，十分关心重视少年儿童和少先队工作。2019年共青团中央、教育部、全国少工委联合下发的《关于深入贯彻落实党建带团建、队建 加强少先队工作体制机制建设的意见》中指出，"全团带队是党赋予共青团的光荣职责。各级团委主要负责同志是少先队工作的第一责任人""各级教育部门要站在为党育人的战略高度，将少先队工作作为中小学党建的重要组成部分，主动提供支持，切实给予保障"。

在分批入队工作中，团济南市章丘区委、区教体局、区少工委高度重视，协同配合，完善制度机制；学校少工委主任，大、中队辅导员各司其职，落实到位，试点工作顺利进行。本篇章通过大量的文献研究，较充分地阐明了建队以来少先队组织发展的思想轨迹和历史脉络，针对团区委、区教体局、区少工委及学校不同层面的实践操作进行了梳理归纳，总结出具有示范意义的实施方法。

第一章　把全体少年儿童组织起来

　　少先队的全称是中国少年先锋队，《中国少年先锋队章程》（2020 年 7 月 24 日通过）明确规定：少先队是中国共产党创立和领导并委托共青团直接领导的中国少年儿童群团组织，是少年儿童学习中国特色社会主义和共产主义的学校，是建设社会主义和共产主义的预备队。少先队从创立之初起，始终秉承团结教育带领少年儿童的宗旨，积极做好组织发展工作。但在实际工作中，也存在着一些问题，有些孩子渴望加入队组织，但由于自身存在着缺点、错误，往往被"排斥"在组织大门之外。1981 年，共青团十届三中全会召开，确立了"把全体少年儿童组织起来"的组织发展原则，即把全体少年儿童组织起来，让他们在少先队组织中，接受教育，全面发展，从而实现"全童入队"。

　　随着社会的不断发展，新形势、新时代也对少先队组织提出了新要求。"全童入队"的组织发展原则逐渐成为全体儿童同时入队，进而也带来了新的问题：少先队员光荣感普遍淡薄，少先队组织缺乏凝聚力和吸引力。2017 年，共青团、教育部、全国少工委下发的《少先队改革方案》中专门提到，解决少先队员光荣感淡薄的问题是改革的关键和重点，同时将"全童入队现实下，如何增强少先队员光荣感"作为时代性、战略性课题之一，集全队力量展开大调研。之后，全国少工委强化顶层设计，出台了《关于构建阶梯式成长激励体系　增强少先队员光荣感的指导意见》的重要文件，其中的重要一点就是提出"分批入队"的激励体系，以此切实增强少先队员光荣感和组织归属感。

一、认识少先队组织发展原则的历史沿革

我们党一贯重视少年儿童的组织工作。人民革命的胜利、新中国的诞生为建立和发展少年儿童组织，进一步培养少年儿童成为新中国的小主人，创造了前所未有的良好条件。

1949 年 10 月 13 日，中国新民主主义青年团中央委员会正式颁布了《关于建立中国少年儿童队的决议》《中国少年儿童队章程草案》和《建立中国少年儿童队的几个问题的说明》。其中，《关于建立中国少年儿童队的决议》指出："中国少年儿童队是在中国新民主主义青年团领导下的少年儿童组织，吸收 9 岁到 15 岁的少年儿童参加。"《建立中国少年儿童队的几个问题的说明》中指出："少年儿童队的名称，未用'先锋队'，是避免从字义上把少年儿童队误解为少数少年儿童的狭隘组织。""关于队的性质，因为队的任务是团结教育整个少年儿童一代。因之，队的性质应是广泛性的。在队员入队步骤上，可以先吸收那些愿意进步、积极参加活动的少年儿童，以后逐步发展。"

1950 年 4 月 23 日至 27 日，第一次全国少年儿童工作干部大会在北京召开。会议指出："少年儿童队应该广泛地团结教育新的一代，不应是少数儿童的狭隘的组织。"会议还针对当时吸引队员要求高、过分强调队的作用的情况指出："原则上一般少年儿童都可以成为少年儿童队员，只要符合入队年龄，自愿入队，遵守队章，参加活动，就可以按队章规定的入队手续，批准、吸引入队。不能要求队员起'先锋''带头''骨干''模范'作用。"

1955 年 3 月 3 日至 11 日，第三次全国少年儿童工作会议在北京召开。会议分析了少先队组织发展迟缓的情况与原因，确定了今后少先队组织应采取"积极大量发展"的方针。

1960 年 4 月，第四次全国少先队工作会议提出："扩大教育面，把六、七、八岁儿童也组织起来。"

1962 年第五次全国少先队工作会议重申了"积极大量发展"的方针。

1965 年 3 月 29 日至 4 月 19 日，共青团九届二中全会召开。会议明确提出："必须坚持把全体少年儿童组织起来的方针，坚持团结教育全体少年儿童的原则。"

1965 年 8 月，在中共中央书记处会议上，邓小平等中央领导同志指出："凡是 7 岁到 15 岁的少年儿童都编入队的组织。"

在"文化大革命"前，队的组织发展有过偏差。特别是在"文化大革命""左"倾错误的影响下，少先队组织被诬蔑为"全民队"，错误地要求少年儿童组织要起"先锋战斗作用""骨干核心作用"，大搞唯成分论，把少年儿童的群众组织引导为一个狭隘的少数人的组织。这些错误认识在少年儿童工作者中造成了一定的思想混乱，致使少先队组织不能团结带领广大少年儿童，特别是对有些孩子，他们身上可能会有缺点错误，但精力充沛、好奇心强、求知欲旺、活泼好动的优点得不到肯定，身心得不到合理满足和正确引导。这种状况不利于完成党在新时期对少先队工作提出的要求，不利于充分发挥少先队组织的教育作用，不利于调动广大少年儿童的积极性。在少先队组织如何体现其儿童组织的性质，发挥团结广大少年儿童作用的问题上，或因建队初期经验不足，或因有些地区对少先队组织的性质、作用理解不够，或因"左"倾思想的干扰影响，少先队自 1949 年 10 月 13 日成立至 1979 年 30 年中一直存在着反反复复的争论。

少先队组织恢复后，1979 年召开的第六次全国少先队工作会议总结了历史经验，根据党的工作重点转移的要求，重新确定了"把全体少年儿童组织起来"的发展方针，重申了最大限度把少年儿童组织起来的思想，提出了在三年级以前，做到原则上把适龄儿童全部吸收入队，校外少年儿童比较集中的地方，积极创造条件，建立少先队组织。这就是"全童入队"的组织发展原则。

二、明确少先队组织发展工作必须遵循的方针

1978 年底，党的十一届三中全会要求全党工作的着重点和全国人民的注意力转移到社会主义现代化建设上来，这是一个伟大的历史性转变。正值恢复时期

的少先队要适应这一转变的形势，要承担起新时期培养接班人的重要任务，就必须根据党教育方针和少先队工作的性质、任务，遵循实践是检验真理的唯一标准的基本原则，在继承优良传统的同时，认真总结少先队工作的历史经验和教训，清除"左"倾错误在少先队工作中的影响，站在历史的高度，解放思想，拨乱反正，研究新情况，明确方向和任务，使少先队组织扎实地完成这一转变。

1978 年 10 月，共青团十届一中全会决定恢复中国少年先锋队名称。少先队组织以党的思想路线为指导，全面贯彻党的教育方针，遵循教育规律，从少年儿童、少先队工作的实际出发，对少先队的培养目标、教育方法、发展方针进行全面研究与调整，提出了贯彻德智体全面发展的教育方针的要求，并从少年儿童成长需要出发，强调在体育和美育活动中全面培养新一代的思想；在培养目标上，强调以造就一支朝气蓬勃的四化建设预备队为目标，以少年儿童教育为新时期社会主义建设服务为基点，强调通过少年儿童组织，对新一代注入民主精神、主动精神、创造精神，培养适应社会发展的具有全面素质的新一代；在发展方针上，力主从少年儿童实际出发，面向全体少年儿童，阐明了最大限度地发挥少先队团结教育少年儿童的作用的组织任务，为"把全体少年儿童组织起来"的发展方针的确立奠定了思想基础。这些思想继承了少先队的优良传统，标志着少先队教育向科学化方向发展。

1981 年 8 月 15 日，在共青团十届三中全会上，时任团中央书记处书记周鹏程在讲话中回顾了近三年共青团组织加强对少先队工作的领导做的几件事情。其中一件是认真贯彻了"把全体少年儿童组织起来"的方针。贯彻过程中注意从教育思想，从对少先队性质、任务的认识上解决问题。他还讲道："共产党是先锋队，起领导作用；共青团是突击队，起模范作用；少先队是预备队，起教育作用。少先队就是起团结教育的作用。"

此次会议还通过了《关于加强少先队工作的决议》（以下简称《决议》）。这项决议成为恢复时期少先队工作的纲领性文献。

《决议》明确指出："'把全体少年儿童组织起来'是少先队组织发展工作必须遵循的方针。这是党对共青团的要求，是团结教育广大少年儿童的需要，也符合少年儿童的心愿。当前的一个突出问题是少先队组织发展缓慢，队员在适龄少年儿童中的比例将近一半，农村有一些学校至今尚未建立少先队组织。这种状况远远不能适应形势发展的需要和少年儿童渴望戴上红领巾的迫切要求。"

《决议》还指出："我们应该看到，少先队是少年儿童的群众组织，它的任务是以共产主义精神教育少年儿童一代，引导他们向先锋学习；它对少年儿童的吸引力和教育作用，是通过自己特有的组织形式、丰富多彩的活动和队员当家做主的集体生活来体现的。'吸收进来'是少先队进行教育的前提，'组织起来'是'活跃起来'的基础；队组织越是发展壮大，它的作用也就越加显著。我们一定要解放思想，消除疑虑，尽快实现'把全体少年儿童组织起来'的要求。凡是尚未建队的学校，团组织要积极创造条件，把少先队组织建立起来。今后，少先队组织的发展工作，要在小学一年级新生中集中一段时间进行队章教育，在他们有了入队要求、履行入队手续后，选择有教育意义的节日，集体宣誓入队，做到在一年级即把全体适龄儿童组织起来。同时，还要着手在校外少年儿童比较集中的农村和城镇，进行建立少先队的试点工作。"

由此，"把全体少年儿童组织起来"作为少先队组织发展工作必须遵循的方针确立下来，至今各级少先队组织始终遵循这一组织发展原则。

三、新形势下少先队组织发展面临的挑战

"把少年儿童组织起来"，在队组织中接受教育的发展方针，实践证明是正确的，也是党和人民的事业所需要的。但近些年来，"全童入队"的组织发展原则逐渐演化成较为普遍的小学一、二年级整批同时入队。2019 年一项由全国 17992 名小学大队辅导员参加的网络问卷调查显示：一批集中入队的小学占比84.2%。由于入队后的组织教育没有很好跟上，又缺乏经常性的活动和组织生活，许多队员从入队到离队这 7 年左右时间，感受不到作为少先队员这一身份的光荣感，很大程度上影响到少先队为党育人目标的实现。《少先队改革方案》中明确指出：当前少先队员的光荣感和组织归属感不强，少先队组织的吸引力、凝聚力

和影响力不够。少先队员光荣感缺失，主要体现在以下几个方面。

（一）少先队员对少先队标志和礼仪蕴含的意义缺乏深刻的认识

目前，少先队实行"全童入队"，很多队员对于少先队的认识仅局限于每天要佩戴"红领巾"，却不清楚为什么要佩戴红领巾。有的队员认为：每天佩戴红领巾是为了应付大队委检查，难以把"红领巾"和"光荣感"联系起来。一些高年级队员甚至不愿意佩戴红领巾。这都反映了队员对红领巾、队徽、队旗和队礼仪的含义，以及对少先队的光荣历史缺乏了解和认识，这也导致他们对少先队组织的神圣感和少先队员这一身份的光荣感认识不足。

（二）少先队员对少先队组织的情感认同较低

当下适龄少年儿童全员入队的客观现实，虽然体现了儿童在组织中的平等性，体现了群众性这一组织特点，但在一定程度上也会弱化少年儿童对自己在组织中的重要性与价值的感知。由于弱化了对组织以"先锋"命名的认同和理解，特别是由于缺乏经常性的组织生活、岗位锻炼和丰富活动等积极有效的引导，就很难使队员体验到作为组织中一员的光荣感，也阻碍了少年儿童对组织的情感投入，导致部分队员由一开始的渴望期待，逐渐变为热情降低，最后变成了习以为常、不以为然。

（三）少先队员缺乏参加少先队活动的积极性

少先队员的光荣感除了体现在胸前飘扬的红领巾之外，还表现在参加每次的队会、队日中。但很多时候，活动仪式流于形式，少先队员把神圣的仪式往往当成是走过场；大多数是由辅导员设计好活动方案，再安排队员去实施，教育、引导、启发变成了表演，因而不能激发队员真正参与活动的积极性。在活动中，少先队员的小主人身份未能充分体现，光荣感也就无从谈起。

当前，增强少先队员光荣感刻不容缓！没有对组织的荣誉感、光荣感，就缺少神圣感；没有神圣感就容易随意化，组织的吸引力、凝聚力就大大降低。做好这项工作，首先要区分少先队员光荣感来源的绝对性和相对性。中国共产党的领导、党团队的血脉关系、少先队组织的历史和文化是少先队员光荣感的绝对来源。

少先队应通过自身独特的教育体系培养少先队员听党话、跟党走，热爱祖国、热爱人民、热爱中国共产党，传承红色基因。少先队员的光荣感需要从内激发、持续树立、长期培养，通过在真实的少先队组织生活中让队员感受到满足、成长、进步，让这种绝对的光荣感逐步显现出来。同时，我们也要看到，少先队员光荣感的相对来源也十分重要，少先队员个体的光荣感更多地来源于比较，没有区分就缺乏光荣感，没有比较也没有光荣感。而分批入队就是光荣感相对来源之一。

四、以分批入队为激励载体是新时代少先队组织发展工作的必然

2019 年 11 月，共青团中央、教育部、全国少工委联合下发了《关于构建阶梯式成长激励体系　增强少先队员光荣感的指导意见》（以下简称《意见》）。《意见》中阐明"入队激励"这一载体的主要内容，即"坚持'全童入队'组织发展原则，规范入队程序，逐渐改变'全童同时入队'的方式。落实《入队规程》（见附录 1），通过充分的队前教育、具体的入队标准、规范的入队程序和庄严的入队仪式，有组织、分批次地吸收适龄少年儿童加入少先队，从源头培养少先队员的光荣感和组织归属感。"从而明确提出了新队员分批入队的基本做法。

当然，少先队的组织发展原则仍然是"全童入队"，不是全童同时入队，而是全童分批入队。通过充分的队前教育，最终达到"全童入队"。

只有认真学习文件精神，准确把握分批入队要求，做好宣传动员工作，才能形成社会共识，赢得家长支持，稳步推动分批入队工作的有序开展。

（一）分批入队有利于增强队员的光荣感和组织归属感，是少先队员光荣感的内生动力

进行充分的队前教育、具体的入队标准、规范的入队程序和庄严的入队仪式，有组织、分批次地吸收适龄少年儿童加入少先队，能从源头上培养一年级学生的光荣感和组织归属感。得之不易，才能倍加珍惜。

（二）分批入队有利于队员充分接受队前教育，过程胜于结果

分批入队有利于营造你追我赶、奋发向上、积极阳光的学习环境，让每一名学生接受充分的队前教育。分批但不分等级，最终都要"全童入队"，通过自己的努力、老师的引导、家长的鼓励、同伴的帮助，尽早加入少先队组织，这个过程也是感受队组织温暖、在队集体中学习进步的过程。

（三）分批入队有利于增进家长对少先队组织的了解，更有利于孩子的健康成长

分批入队工作是辅导员与家长沟通、共同合作的一个机会。入队工作的实施需要家长的积极参与，与学校形成合力；需要坚持正面引导，才有利于孩子的成长。学校与家长要抓住教育契机，给孩子加油鼓劲，和孩子一起说优点、找不足、明方向，并向着目标努力前进。当孩子经过努力加入了队组织时，相信他们将会获得更好的成长体验。

（四）分批入队有利于构建党团队一体化传承红色基因全链条

共青团中央、教育部联合印发了《中学共青团改革实施方案》，要求加强先进性建设，严格发展团员制度，初中团学比例要控制在 30% 以内。少先队的分批入队工作为以后推优入团打下了政治基础，也有利于构建党团队一体化传承红色基因全链条。

中国少年先锋队是一个光荣的组织。分批入队是为了让孩子们更珍惜、更向往少先队，入队戴红领巾是一段非常光荣的经历，让孩子们在努力的过程中实现自我完善、全面发展、收获成长，才是真正的目的。

第二章　分批入队工作方法

2019 年 11 月，共青团中央、教育部、全国少工委联合下发了《关于构建阶梯式成长激励体系　增强少先队员光荣感的指导意见》（以下简称《意见》）。《意见》中对分批入队工作的时间点、入队率进行了明确规定。但分批入队工作毕竟是个新事物，在实际工作中需要不断摸索经验，同时在操作上也会遇到新问题，需要做大量细致的工作。本章就"全童入队"组织发展原则下的分批入队工作，在总结试点经验的基础上，提出具体的操作要求。

一、分批入队批次安排

（一）首批入队时间

2019 年，共青团中央、教育部、全国少工委联合下发的《关于构建阶梯式成长激励体系　增强少先队员光荣感的指导意见》附件 1《入队规程》（见附录 1）第四条指出："学校少先队组织要高度重视队前教育，加强领导，以政治启蒙、价值观塑造、组织意识培育为重点，根据少年儿童身心发展规律有计划地进行。要从一年级入学开始重点持续开展队前教育，为一年级第二学期开展入队工作打下良好基础。"

由此可见，各小学要利用一年级第一学期时间进行充分的队前教育，不可组织入队仪式。第一批入队的时间最早是在一年级第二学期。

（二）批次安排

全国少工委对批次时间没有做统一规定，各地区可以根据实际自行安排。山东省济南市章丘区的做法是：抓住两个时间节点，分两批组织适龄儿童入队。第一批是在一年级第二学期"六一"期间，第二批是在二年级第一学期"十·一三"建队纪念日期间。据了解，全国各地有的学校是分三批入队，比如：陕西省西咸沣西第一小学，第一批是一年级第二学期"六一"期间，第二批是在二年级第一学期"十·一三"建队纪念日期间，第三批是在二年级第一学期元旦期间。广西壮族自治区桂林市所有小学，第一批是一年级第二学期"六一"期间，第二批是在二年级第一学期"十·一三"建队纪念日期间，第三批是在二年级第二学期"六一"期间。

（三）首批入队队员数量

《入队规程》第七条指出："首批入队队员一般不超过班级总人数的30%，入队后参加大队、中队、小队的组织生活。暂未入队的少年儿童，要根据学校入队评价指标，继续接受队前教育，同时也可以参加本年级少先队活动（选举、评优活动除外）。"

由此可知，首批入队队员一般不超过班级总人数的30%。比如一个班有52人，通过计算，52人的30%是15.6人，按照"首批入队队员一般不超过班级总人数的30%"的要求，该班首批入队队员为15人。

二、分批入队基本流程

《入队规程》第二条指出："按照教育充分、程序规范、执行细化的总要求开展少先队入队工作。依据入队标准进行科学评价，达标一批、吸收一批。"所以，各学校一定要熟悉并严格、规范执行分批入队工作的基本流程。

《入队规程》第八条规定，学校少工委审议通过学校入队工作细则，根据细则，对拟担任中队辅导员的人选进行岗前培训，向学生家长做好学校入队工作说明。入队工作基本程序如下：①开展队前教育；②适龄儿童向所在学校少先队组织正式提交《入队申请书》；③开展过程性评价，并根据评价结果，公示确定达到入队要求的儿童名单；④学校少工委审核批准新队员名单；⑤新队员填写《队员登记表》，少先队大队组织进行队籍档案管理；⑥分批次举行或集中统一举行入队仪式，仪式要庄重、规范、形式丰富，鼓励家长参加；⑦成立中队、小队，民主选举中队委员会和正副小队长；⑧对暂未入队的少年儿童继续根据学校入队评价指标开展队前教育，按照标准和流程分批次吸收入队，在二年级第二学期结束前完成全童入队。

三、如何制定分批入队方案

凡事预则立，不预则废。因此在区级层面、学校层面均须制定分批入队方案。现对具体做法总结如下。

（一）区级层面分批入队方案制定的工作流程

（1）成立区级分批入队领导小组。教体局党组书记、局长、团区委书记任名誉组长，分管局长、团区委副书记任组长，各学校校长任成员。

（2）制定《区级分批入队工作方案（征求意见稿）》，全面征求意见。

（3）召开由团区委书记、区教体局副局长、部分学校少工委主任、分管校长、大队辅导员、一年级班主任、一年级家长代表、一年级学生代表参加的调研会，解读《区级分批入队工作方案（征求意见稿）》，面对面征求大家意见。

（4）在广泛征求意见和召开调研会的基础上，形成《区级少先队分批入队工作方案》。方案可分为工作目标、批次安排、参与范围、工作进度、工作要求五部分。

▶▶▶ 附范案：《2021—2022 年章丘区分批入队工作方案》

2021—2022 年章丘区分批入队工作方案

为贯彻落实共青团中央、教育部、全国少工委《关于构建阶梯式成长激励体系 增强少先队员光荣感的指导意见》，切实增强少先队员光荣感和组织归属感，根据《济南少先队分批入队工作推进方案》要求，全面推行分批入队工作。制定具体方案如下。

一、工作目标

通过充分的队前教育、具体的入队标准、规范的入队程序和庄严的入队仪式，有组织、分批次地吸收适龄少年儿童加入少先队，从源头培养少先队员的光荣感和组织归属感。

二、批次安排

分两批吸收适龄儿童加入少先队。一年级第二学期结束前，完成首批队员入队，首批入队队员一般不超过班级总人数的 30%；二年级 10 月 13 日建队纪念日期间，完成全童入队。同时做好一年级新生的队前教育和量化评价工作。

三、参与范围

全区所有小学，含九年一贯制学校小学部、各教学点、民办学校、特殊教育学校。

四、工作进度

（一）成立领导小组，全面部署安排（2021 年 7 月）

1. 区级层面

（1）成立全区分批入队工作领导小组。成立以区教体局局长、团区委书记为名誉组长，区少工委主任为组长、各学校少工委主任为成员的区级分批入队工作领导小组，全面负责全区分批入队工作。

（2）召开全区分批入队工作调研座谈会。面向部分学校少工委主任、分管少先队工作校长、大队辅导员、班主任、家长、学生召开调研座谈会，广泛征求意见。

（3）形成《章丘区少先队分批入队工作方案》。在调研座谈的基础上，形成全区分批入队工作方案。

（4）召开全区分批入队工作部署会。传达、解读《章丘区少先队分批入队工作方案》，部署安排全区分批入队工作。

（5）队前教育课程研究。组织少先队活动中心组成员、少先队名师工作室成员进行队前教育教研，形成教学设计、制作教学课件，为全区一年级每周一节的少先队活动课提供教学参考。

2. 学校层面

（1）成立领导小组。各学校成立以学校少工委主任为第一责任人，学校分管少先队工作的领导，大队辅导员、班主任代表参与的工作领导小组。

（2）制订工作计划。在向一年级班主任、家长征求意见的基础上，制定分批入队工作计划。工作计划包括指导思想、工作目标、工作进度、具体要求等方面，工作进度要严格执行区方案进度要求，明确责任人。

（二）制定入队细则，实施量化评价（2021 年 8 月底前）

1. 区级层面

（1）督导审核。区分批入队领导小组对各学校制定分批入队细则工作进行督导、审核。

（2）全区一年级班主任培训。2021 年 8 月底举行全区一年级班主任分批入队工作专题培训。

2. 学校层面

（1）制定《学校分批入队工作细则（征求意见稿）》。各学校要认真学习《关于构建阶梯式成长激励体系　增强少先队员光荣感的指导意见》及附件1《入队规程》等相关文件，在"六知、六会、一做"的入队基本标准基础上，结合学校现有激励办法和载体，用好红领巾奖章等评价激励方式，根据实际情况，在征求家长意见的前提下，制定公正、公平、公开的《学校分批入队工作细则（征求意见稿）》。入队细则要围绕政治启蒙、价值观塑造、组织意识培育等方面，综合学校原有的德、智、体、美、劳五育内容，设定具体指标，针对教育过程和成果进行量化评价。

（2）召开家长会。各学校召开家长会，将纸质版《学校分批入队工作细则（征求意见稿）》发到每一位一年级家长手中，并做好解读。进一步征求每位家长意见并根据意见修订形成《学校分批入队工作细则》。

（3）公示。对《学校分批入队工作细则》进行不少于3个工作日的公示。

（4）学校少工委审核。2021年8月底前经学校少工委审议通过后实施《学校分批入队工作细则》。实施过程邀请家长全程监督，量化评价结果做到每月一公示。

（5）制作入队工作手册。学校可根据《学校分批入队工作细则》设计制作配套的入队工作手册。

（三）执行入队规程，完成首批入队（2021年9月—2022年6月）

1. 区级层面

（1）第一阶段中期交流会。2021年12月底，区少工委组织召开第一阶段工作中期交流会，听取各学校工作情况介绍，了解工作推进过程中存在的问题、困惑，并认真研究做好指导。

（2）入队示范仪式。2022年5月底，举行全区首批队员入队示范仪式。

（3）第一阶段工作总结会。2022年6月中旬，召开第一阶段工作总结会，交流工作经验。

2. 学校层面

（1）一年级班主任培训。一年级第二学期开学后第一周，组织一年级班主任分批入队工作专题培训。

（2）提交入队申请书。组织适龄少年儿童提交入队申请书。

（3）少先队文化建设评选。在一年级教室及大队阵地进行少先队文化建设，潜移默化地对一年级学生进行思想引领、队知识普及，营造成长进步的氛围。

（4）充分的队前教育。利用每周一节的少先队活动课，结合入队工作细则要求，以政治启蒙、价值观塑造、组织意识培育为重点，对提交入队申请书的适龄儿童进行充分的队前教育，开发儿童喜闻乐见的动漫、视频，讲好儿童化的政治。

（5）公示首批入队队员名单。2022 年 5 月下旬，在适龄儿童完成规定时间和内容的队前教育后，通过自评、互评、他评进行量化评价，将达到学校入队评价指标的少年儿童名单进行公示。

（6）学校少工委审核。根据公示结果确定新队员名单，上报学校少工委审核批准。

（7）首批队员入队仪式。批准入队后，根据学校实际，为首批入队的队员举行入队仪式。

（8）队籍档案管理。填写《队员登记表》，由大队组织进行队籍档案管理。首批队员入队后参加大队、中队、小队组织生活。暂未入队的少年儿童持续开展队前教育，同时也可参加本年级少先队活动（选举、评优活动除外）。

（四）完成全童入队，形成研究成果（2022年6月—2022年10月）

1. 区级层面

（1）第二批队员入队示范仪式。2022年10月上旬，举行第二批队员入队示范仪式。

（2）工作总结会。2022年10月中旬，召开分批入队工作总结会，各学校全面总结分批入队工作，提炼形成工作经验成果。区少工委梳理学校经验做法，整理《队前教育案例集》《分批入队探索成果集》，为全区小学分批入队提供参考。

（3）2022年9月启动新一年级的分批入队工作。

2. 学校层面

（1）制订工作计划。2022年8月25日前，各学校制订分批入队第二阶段工作计划。继续做好二年级分批入队的探索，同时在新一年级实施分批入队，进一步梳理分批入队方法。

（2）公示第二批入队队员名单。10月13日建队纪念日前一周，在适龄儿童完成规定时间和内容的队前教育后，通过自评、互评、他评进行量化评价，将达到学校入队评价指标的少年儿童名单进行公示。

（3）学校少工委审核。根据公示结果确定第二批入队队员名单，上报学校少工委审核批准。

（4）举行入队仪式。批准入队后，根据学校实际，为第二批入队的队员举行入队仪式。

（5）队籍档案管理。填写《队员登记表》，由大队组织进行队籍档案管理，完成全童入队工作。

（6）对新一年级学生进行队前教育和量化评价。2022年9月1日，从一年级新生入学开始持续开展队前教育，根据《学校入队工作细则》对一年级学生进行量化评价，每月一公示，为一年级第二学期开展入队工作打下良好基础。

（7）全面工作总结。2022年10月中旬，学校召开分批入队工作总结会，全面总结分批入队工作，提炼形成工作经验和成果。

五、工作要求

（1）加强组织领导。各学校要高度重视分批入队工作，细化分工、压实责任、群策群力、积极作为，确保分批入队工作所需经费，并提供必要的制度、机制保障。学校分批入队工作开展情况纳入党建督导考核。

（2）严格落实执行。各学校要按照教育充分、程序规范、执行细化的总要求开展分批入队工作。组织好少先队中队辅导员的分批入队专题培训，将分批入队精神传达好、工作进度部署好、工作要求落实好。

（3）注重宣传引导。注重线上线下的宣传，让广大家长知晓了解分批入队工作，及时解决家长疑问和顾虑；好的经验做法要及时总结宣传，营造积极氛围，引导全社会理解分批入队对树立少先队员光荣感的有效作用。

（二）学校层面分批入队方案制定的工作流程

根据《区级少先队分批入队工作方案》要求，学校成立以学校少工委主任为第一责任人，学校分管少先队工作的领导，大队辅导员、一年级班主任代表参与的工作小组。工作小组在学习相关文件基础上，讨论制定《学校分批入队工作方案》。工作方案包括指导思想、工作目标、工作进度、具体要求等方面。工作进度严格按照区少工委的方案进度要求，明确责任人。各学校可在办公区域的醒目位置挂图作战，及时提醒工作进度。学校微信平台可制作线上的分批入队路线图、"一图读懂"开展入队工作基本流程，便于中队辅导员收藏学习，以此达到程序规范、执行细化的分批入队的工作要求。

四、如何制定分批入队工作细则

"以什么为依据进行分批次入队？"这是学校、家长、社会各界普遍关心的问题。这就要求各学校要制定出分批入队的标准细则。制定细则时，既要征求一年级班主任的意见，也要征求家长们的意见。

（一）《分批入队工作细则》的制定流程

（1）学校分批入队工作小组要认真学习、研读《关于构建阶梯式成长激励体系　增强少先队员光荣感的指导意见》及其附件1《入队规程》等相关文件，以上文件是制定学校分批入队工作细则的文件依据。

（2）分批入队工作小组针对入队细则的具体评价指标、量化评价方式、量化评价周期等进行商讨，综合制定出学校的分批入队工作细则草案。

（3）充分发挥每一位班主任的主观能动性，结合各班原有的评价激励办法，为学校分批入队工作细则提出合理化建议。

（4）各班召开家长会，为家长详细解读《学校分批入队工作细则（征求意见稿）》，征求每一位家长的意见，根据意见修订形成《学校分批入队工作细则》。

（5）对《学校分批入队工作细则》进行不少于5个工作日的公示。

（6）学校少工委审议通过后，在实施的过程中，邀请家长全程监督。

（7）根据《学校分批入队工作细则》，设计制作配套的红领巾奖章和《入队手册》。

（二）分批入队工作细则的具体内容

《入队规程》第五条中指出："学校少先队组织要以'少先队应该是少年儿

童学习中国特色社会主义和共产主义的学校，应该是建设社会主义和共产主义的预备队。新时代少先队员要热爱祖国，热爱人民，热爱中国共产党，树立远大理想，培养优良品德，勤奋学习知识，锻炼强健体魄，培养劳动精神，从小学先锋、长大做先锋，努力成长为能够担当民族复兴大任的时代新人'为总目标，在'六知、六会、一做'的入队基本标准基础上，根据实际情况，制定公正、公平、公开的学校入队工作细则。入队工作细则要围绕政治启蒙、价值观塑造、组织意识培育等方面设定具体指标，针对教育过程和成果进行量化评价。"

（三）分批入队工作细则的评价量化载体

2019 年，共青团中央、教育部、全国少工委印发的《关于构建阶梯式成长激励体系 增强少先队员光荣感的指导意见》中指出："阶梯式成长激励体系由多种载体构建而成，主要包括队前预备、队中教育、离队输送三个关键阶段，涵盖少先队员成长全过程。其中，少先队员普遍参与的'红领巾奖章'是核心载体，引导全体少先队员追求进步。"在附件《"红领巾奖章"实施办法》中指出："'红领巾奖章'基础章的章目突出少先队组织的政治属性，以少年儿童政治启蒙、价值观塑造、组织意识培育为主要内容，评价激励过程贯通中小学 1—9 年级。"由此可见，"红领巾奖章"的评价内容与分批入队的评价内容是一致的，都是围绕政治启蒙、价值观塑造、组织意识培育三方面进行，因此建议分批入队工作细则也使用"红领巾奖章"作为评价载体，对教育过程和成果进行量化评价。

2019 年 11 月，共青团中央、教育部、全国少工委联合印发了《"红领巾奖章"实施办法》，2020 年，又先后发布了《关于新学期"红领巾奖章"实施的工作提示》《关于使用"红领巾奖章"章样图案规范开展争章活动的工作指引》，指导全国各中小学"红领巾奖章"争章活动全面、规范开展。结合以上三个文件，各学校认真制定分批入队细则评价量化指标。

"红领巾奖章"包括基础章、特色章、星级章。基础章的章目突出少先队组织的政治属性，下设 3 个类别：红星章、红旗章、火炬章。

1. 红星章

《"红领巾奖章"实施办法》中规定，红星章的具体要求：聚焦热爱中国共产党教育；牢记习近平总书记对少年儿童的教导和希望；革命传统教育；中国特色社会主义教育；社会主义核心价值观教育；共产主义教育等。红星章章目下设向阳章、传承章、立德章和立志章。

——向阳章。聚焦热爱中国共产党教育；牢记习近平总书记对少年儿童的教导和希望等。

——传承章。聚焦传承红色基因和革命传统教育；中国特色社会主义教育；共产主义教育等。

——立德章。聚焦共产主义道德培养；社会主义核心价值观教育等。

——立志章。树立远大理想教育；坚定理想信念教育等。

针对一年级小学生的年龄特色，在设置入队标准和具体评价指标时，内容要具体，难度要稍低，使他们通过努力可以达到。要根据学校实际，结合红色纪念日主题实践活动，统筹设置。比如，对一年级小学生进行政治启蒙，聚焦革命传统教育，可设置以下具体指标："观看一部红色电影，讲一个红色故事，参观一次红色革命基地，积极参加学校组织的清明节祭英烈系列活动。"每完成一项内容可获"星星章"，集齐"星星章"，可兑换一枚"传承章"。

2. 红旗章

《"红领巾奖章"实施办法》中规定，红旗章的具体内容：聚焦爱国主义教育；中国梦教育；国家成就教育；热爱人民教育；集体主义教育；公民道德教育；民族团结教育；法治教育；国防教育等。

红旗章章目下设梦想章、小主人章、团结章、健体章。

——梦想章。爱国主义教育；中国梦教育；国家成就教育等。

——小主人章。热爱人民教育；公民道德教育；法治教育；国防教育等。

——团结章。集体主义教育；民族团结教育等。

——健体章。锻炼强健体魄教育；体育锻炼等。

同样，各学校要根据红旗章下设章目内容，设置具体的指标。在实际争章过程中，有的班级为了方便孩子们区分不同章目要求，规定达到"红旗章"的子目标，就奖励一面小红旗，集齐相应的小红旗可兑换"红旗章"。

《"红领巾奖章"实施办法》第五章"工作要求"第二十条指出，"要将'红领巾奖章'争章活动纳入中小学生综合素质评价体系。"所以，在设置具体指标时，还可与学校其他活动融合起来。例如：为了对一年级学生进行"锻炼强健体魄教育"，可设置"健体章"，内容与学校每年的体育达标测试结合起来。为了获得"健体章"，一年级学生每天按时练习跳绳，既促进了学校体育达标测试工作，又调动了一年级学生锻炼身体的积极性，达到了分批入队工作中"锻炼强健体魄"的教育目标。

3. 火炬章

火炬章的内容包括：聚焦队前教育；少先队标志礼仪教育；仪式教育；初中少先队队建教育；党团队意识教育；组织生活教育；岗位服务教育等。《关于使用"红领巾奖章"章样图案规范开展争章活动的工作指引》中指出，"考虑到组织教育贯穿奖章实施全过程，工作提示中施行的'组织章'不作单独设置"，火炬章章目下设奉献章、劳动章、勇敢章、节约章。

——奉献章。岗位服务教育；志愿服务等。

——劳动章。劳动意识培养；劳动实践等。

——勇敢章。担当、刻苦、拼搏、奋斗精神培养；学习英雄，争做小先锋教育等。

——节约章。勤俭节约、艰苦朴素意识培养等。

4. 特色章

"红领巾奖章"特色章是对基础章的有益补充。主要是省、市、县级少工委或学校少工委根据工作实际，围绕"德、智、体、美、劳全面发展"自行设定颁发。比如：有的学校把"创建英雄中队 争做英雄式好少年"作为一个品牌项目。在分批入队工作细则中对一年级小学生提出"学英雄事迹·讲英雄故事"的要求，并获争"小英雄章"。还有的学校希望每一名队员都灵动成长，在一年级分批入队细则中设置了"尊敬师长、孝敬父母、友善互助、勤奋好学、爱护环境"等特色评价指标，鼓励一年级学生争得"心中有爱章、眼中有美章、手中有艺章、肩上有责章"四个特色章。

（四）分批入队工作细则实施流程

在入队细则的实施过程中，学校少先队大队把握方向，指导一年级班主任开展队前教育和争章活动。具体实施流程是：

（1）定章。一年级各班级是开展争章量化评价的主阵地。根据评价细则，班主任要制订好班级争章计划，解析奖章含义，帮助学生明确获章标准和争章目标。

（2）争章。通过开展校内外实践活动，组织一年级学生争章。要充分利用《入队争章手册》，引导学生记录争章过程和感受。

（3）考章。通过自评、互评、他评相结合的方式进行量化评价。在班级中建立以预备小队为主体，学生、教师、家长等多方参与的量化评价机制，考章的形式可以多样化，如：书面测试、展示汇报、技能操作、媒体呈现等，重视学生成长过程的展示，对其他同学起到引领示范作用。

（4）颁章。颁发奖章。两周一次或一月一次举行庄重热烈、形式多样的颁章仪式。

（5）护章。学生要珍爱所获奖章。班主任根据学生获章结果布置争章园地，进行争章成果展示，激发学生的争章积极性。

▶▶▶ 附范案：章丘区杨胡小学一年级分批入队工作细则

章丘区杨胡小学一年级分批入队工作细则

一、指导思想

为贯彻落实共青团中央、教育部、全国少工委《关于构建阶梯式成长激励体系　增强少先队员光荣感的指导意见》，切实增强少先队员光荣感和组织归属感，根据《章丘区少先队分批入队工作方案》要求，我校特制定分批入队量化细则。

二、工作总目标

少先队应该是少年儿童学习中国特色社会主义和共产主义的学校，应该是建设社会主义和共产主义的预备队。新时代少先队员要热爱祖国，热爱人民，热爱中国共产党，树立远大理想，培养优良品德，勤奋学习知识，锻炼强健体魄，培养劳动精神，从小学先锋、长大做先锋，努力成长为能够担当民族复兴大任的时代新人。

三、工作目标

通过充分的队前教育，依据具体的入队标准，有组织、分批次地吸收适龄少年儿童加入少先队，从源头培养少先队员的光荣感和组织归属感。根据《关于构建阶梯式成长激励体系　增强少先队员光荣感的指导意见》及其附件1《入队规程》等相关文件，在"六知、六会、一做"的入队基本标准基础上，围绕政治启蒙、价值观塑造、组织意识培育等方面，通过红领巾奖章和灵动少年等评价激励方式，充分利用阳光存折，根据学校培养心中有爱、眼中有美、手中有艺、肩上有责的灵动少年为内容，设定具体争章目标，进行量化评价。

四、批次安排

分两批吸收适龄儿童加入少先队。一年级第二学期结束前，根据量化评价结果，完成首批队员入队，首批入队队员一般不超过班级总人数的30%；二年级10月13日建队纪念日期间，完成全童入队。一年级新生的队前教育和量化评价细则，由学校少工委组织领导制定，一年级班主任具体实施。

五、评价对象

杨胡小学一年级全体学生。

六、评价细则

（一）入队基本标准

指标	评价标准及要求	奖励	奖章	备注
六知	1. 知道少先队的名称：中国少年先锋队。基本要求：能准确表述队的全称。知道入队后一个班级就是一个中队，班主任是中队辅导员，是少先队员的亲密朋友和指导者。	星星章一枚	队前教育章	集齐13枚星星章可兑换一枚队前教育章
	2. 知道少先队的创立者和领导者：中国共产党。知道中国共产党的核心和领袖，记住习近平总书记的教导。中国共产党委托中国共产主义青年团直接领导中国少年先锋队。基本要求：能记住习近平总书记对少年儿童的教导，准确表述党和团的全称，认识党旗、团旗，认识党徽、团徽等。	星星章一枚		
	3. 知道队旗的含义：五角星加火炬的红旗是少先队的队旗。五角星代表中国共产党的领导，火炬象征光明，红旗象征革命胜利。基本要求：能正确识别队旗图案，表述队旗含义，了解队旗如何使用。	星星章一枚		

（续表）

指标	评价标准及要求	奖励	奖章	备注
	4. 知道队徽的含义：五角星加火炬和写有"中国少先队"的红色绶带组成少先队的队徽。基本要求：能正确识别队徽图案，了解队徽如何使用。	星星章一枚	队前教育章	集齐13枚星星章可兑换一枚队前教育章
	5. 知道少先队员的标志：红领巾。它代表红旗的一角，是革命先烈的鲜血染成。每个队员都应该佩戴它和爱护它，为它增添新的荣誉。基本要求：了解红领巾的含义，能正确使用。	星星章一枚		
	6. 知道少先队的作风：诚实、勇敢、活泼、团结。基本要求：能准确表述。	星星章一枚		
六会	1. 会戴红领巾。基本要求：会正确佩戴红领巾。	星星章一枚		
	2. 会敬队礼。基本要求：知道队礼含义，能规范敬队礼。	星星章一枚		
	3. 会呼号。基本要求：熟记呼号内容，掌握呼号动作要领。	星星章一枚		
	4. 会唱队歌。基本要求：准确表述队歌名称，会唱完整队歌。	星星章一枚		
	5. 会背入队誓词。基本要求：会背誓词并掌握宣誓动作要领。	星星章一枚		
	6. 会写《入队申请书》。基本要求：在老师或高年级队员的帮助下，认真写一份《入队申请书》。	星星章一枚		
一做	入队前要为人民做一件好事。	星星章一枚		

（二）红领巾奖章

一级指标	二级指标	奖章	评价标准及要求	奖励
基础章	红星章	向阳章	1. 能说出党的名称和生日。	星星章一枚
			2. 认识并能区分党旗、团旗、队旗、党徽、团徽、队徽。积极参加班级组织的"巧手画党旗、党徽"活动。	星星章一枚
			3. 至少学会唱一首歌颂党的童谣或歌曲，积极参加班级合唱活动。	星星章一枚
			4. 能够至少记住三条习近平总书记对少年儿童的希望和要求。	星星章一枚
			5. 知道学校党支部书记、校长是学校少工委主任。	星星章一枚
		传承章	1. 观看一部红色电影，能说出电影里的英雄人物名字。	星星章一枚
			2. 能讲一个红色故事。	星星章一枚
			3. 参观一次红色革命基地。	星星章一枚
			4. 积极参加学校组织的清明节祭英烈系列活动。	星星章一枚
		立德章	1. 能够背诵二十四字社会主义核心价值观。	星星章一枚
			2. 能说出至少一位党员先锋人物的名字，并向榜样人物学习。	星星章一枚
		立志章	1. 知道我们今天的幸福生活是在中国共产党的领导下取得的，从小听党的话，跟党走。	星星章一枚
			2. 能立一个长大后为祖国做贡献的志向。	星星章一枚

（续表）

一级指标	二级指标	奖章	评价标准及要求	奖励
基础章	红旗章	梦想章	1. 知道自己的祖国是中国，知道中国的全称。知道新中国成立的时间。	星星章一枚
			2. 认识国旗、国徽；爱护国旗、国徽。	星星章一枚
			3. 知道《义勇军进行曲》是中华人民共和国的国歌。会唱国歌。	星星章一枚
			4. 在学校或公共场所升降国旗时，听到国歌声响起时，肃立、脱帽，面向国旗方向行注目礼，唱国歌。	星星章一枚
			5. 能说出我国至少一个国家成就的名称，并说出自己长大后建设祖国的一个梦想。	星星章一枚
		小主人章	1. 认识祖国的版图，能够在祖国版图上找到自己的家乡。	星星章一枚
			2. 认识中国人民解放军的军旗、军徽和军装。	星星章一枚
			3. 积极参加学校组织的宪法日系列活动。	星星章一枚
		团结章	1. 知道中华民族是由 56 个民族组成的大家庭，能说出我国 3 个以上民族的名称。	星星章一枚
			2. 与身边的各民族小伙伴友好相处，了解、尊重各少数民族的风俗，和少数民族的同学交朋友。	星星章一枚
			3. 积极参与班级文化建设，建设英雄角、图书角等阵地，乐于为班集体服务，有集体荣誉感。	星星章一枚

（续表）

一级指标	二级指标	奖章	评价标准及要求	奖励
基础章	红旗章	健体章	1. 有自己喜欢的一项运动，每天坚持体育锻炼至少一小时。	星星章一枚
			2. 认真做好课间操和眼保健操。	星星章一枚
			3. 一年级体育测试项目达标。	星星章一枚
基础章	火炬章	奉献章	1. 在班级中能竞争一个适合自己的小岗位，积极为其他同学服务。	星星章一枚
			2. 积极参加学校组织的志愿活动或者与爸爸妈妈一起参加社会志愿服务活动。	星星章一枚
		劳动章	1. 能自己整理衣服、书包、学习用品等，自己的事情自己做。	星星章一枚
			2. 能进行简单的家庭清扫和垃圾分类，积极帮助家长做家务。	星星章一枚
			3. 认真做值日，积极参与班级集体劳动。	星星章一枚
			4. 能进行简单手工制作。	星星章一枚
			5. 积极参加学校组织的劳动技能展示活动。	星星章一枚
		勇敢章	1. 能讲一个英雄少年的故事，描绘少年英雄人小志气大的榜样形象。	星星章一枚
			2. 在学习和生活中不怕困难，勇于改正自己的错误，遇事冷静。	星星章一枚
		节约章	1. 吃饭不挑食，与家人一起积极践行光盘行动。	星星章一枚

（续表）

一级指标	二级指标	奖章	评价标准及要求	奖励
基础章	火炬章	节约章	2.爱惜书和本，保持书本不卷边、不撕页，不在书上乱涂乱画；不在桌布、课桌面、墙面刻画，使用学具要精心、爱惜。	星星章一枚
			3. 不丢弃还能使用的铅笔等文具，知道节约用纸，学会一种节约小妙招。	星星章一枚
			4. 节约用水，使用水龙头后，能及时关闭并拧紧，避免长流水。	星星章一枚
			5. 能用旧物学会制作一个变废为宝的作品，积极参加学校组织的"变废为宝"系列活动。	星星章一枚
特色章	尊敬师长	心中有爱章	1.入校时，见到老师要主动行鞠躬礼，并大声向老师问好。离校时，主动与老师说"老师，再见"。	星星章一枚
			2.上下课能起立站直，向老师行鞠躬礼，问好。	星星章一枚
			3.认识为本班上课的各学科老师。	星星章一枚
			4.听老师的话，服从老师的安排。	星星章一枚
			5.对老师一定要用尊称"您"，不能直呼姓名。认识的老师称呼"某某老师"或"某学科老师"，如"张老师""音乐老师"，遇见不认识的老师，可直接称呼"老师"。	星星章一枚
	孝敬父母		1.称呼父母时，不能直呼姓名或其他不礼貌称呼。	星星章一枚
			2.吃饭时，请父母长辈先入座、先动筷。	星星章一枚

（续表）

一级指标	二级指标	奖章	评价标准及要求	奖励
特色章	孝敬父母	心中有爱章	3. 听父母的话，不任性。	星星章一枚
			4. 听到父母呼唤，要及时应答。	星星章一枚
			5. 尊敬长辈，早问好、晚问安。见到长辈先问好，分开时要说"再见"。	星星章一枚
	友善互助		1. 能和小朋友共同学习，共同游戏，能相互谦让。	星星章一枚
			2. 同学忘带课本的时候，愿意和同学一起看一本书。	星星章一枚
			3. 同学遇到困难时，主动帮助同学。如同学忘带练习本、铅笔、彩笔、手工材料等学习用品时，自己有多余的能借给同学。	星星章一枚
			4. 与同学友好相处，宽容待人，不与同学闹矛盾。	星星章一枚
			5. 争当小主人，为其他同学服务。	星星章一枚
	文明有礼	眼中有美章	1. 着装整洁，扣齐纽扣，拉好拉链，戴帽子要端正。	星星章一枚
			2. 上下楼梯、走廊内靠右行；出入教室、办公室、会场等按指定路线走；走路时不拥挤，不追逐打闹。	星星章一枚
			3. 待人有礼貌，能正确使用文明用语（如你好、请、谢谢、对不起、再见）。	星星章一枚
			4. 取用他人物品时，必须征得同意，未经允许不乱动或使用他人的物品。	星星章一枚
			5. 不随地吐痰、大小便，不乱丢纸屑、杂物等。	星星章一枚

（续表）

一级指标	二级指标	奖章	评价标准及要求	奖励
特色章	文明有礼	眼中有美章	6. 坐正立直，腿不抖，头不摇，不东倒西歪，不分腿，不跷二郎腿。	星星章一枚
			7. 见到客人能主动热情问好；客人离开时，能礼貌微笑说"再见，欢迎再来"。	星星章一枚
	诚实守信		1. 知道不能说谎话，不能骗人。	星星章一枚
			2. 能如实回答老师和家长的问题。	星星章一枚
			3. 借书及文具，要及时归还。	星星章一枚
			4. 做作业、考试时不抄袭。	星星章一枚
			5. 在学校捡到物品，能主动交给老师。	星星章一枚
	勤奋好学		1. 知道上学和放学的时间，上学不迟到。	星星章一枚
			2. 上课不玩玩具及学习用品，不做与学习无关的事。	星星章一枚
			3. 养成"认真听"的习惯，上课时能倾听老师讲解，倾听同学发言。	星星章一枚
			4. 养成正确的阅读、书写姿势，做到"三个一"，眼离书本一尺远，胸离桌子一拳远，手离笔尖一寸远。	星星章一枚
			5. 能按时完成学习任务。	星星章一枚
			6. 喜欢阅读，和大人一起读，和小朋友一起读，喜欢听儿歌、古诗和小故事。	星星章一枚
			7. 积极参加体育锻炼、各项比赛活动和社会实践活动。	星星章一枚
			8. 积极参加课外兴趣小组，学习一门特长。	星星章一枚

（续表）

一级指标	二级指标	奖章	评价标准及要求	奖励
特色章	自理自立	手中有艺章	1. 早上能及时起床，不赖床，不哭闹，自己洗脸、刷牙，吃早餐。	星星章一枚
			2. 晚上按时上床睡觉，不用反复催促。	星星章一枚
			3. 能识别盐、糖、味精等调味品，分不清不乱动。	星星章一枚
			4. 会穿脱衣服。	星星章一枚
			5. 学会整理个人衣物及床铺，会削铅笔。	星星章一枚
	安全自护		1. 能记住父母姓名、单位名称、联系电话、家庭住址、所在学校、血型等相关信息，走失或遇到危险时会利用这些信息求助身边的人。	星星章一枚
			2. 知道简单的交通规则，如行人必须走人行道、过马路看红绿灯、走斑马线、不在马路上玩耍等。	星星章一枚
			3. 吃东西时不跑跳打闹，防止食物吸进气管。	星星章一枚
			4. 不用手和金属物去碰电源插座，不碰断落的电线。	星星章一枚
			5. 保护好自己的身体，背心、短裤覆盖的地方不许别人摸，有小秘密能主动告诉父母、老师。	星星章一枚
			6. 不碰触插座、插头、插排，不乱摸乱动电器、燃气设备。	星星章一枚
			7. 不用剪刀、雨伞、大头钉、笔尖等尖锐的物品对人，以免伤害到自己和同学。	星星章一枚

（续表）

一级指标	二级指标	奖章	评价标准及要求	奖励
特色章	安全自护	手中有艺章	8.乘车时，不要把头、手伸出车窗外，安全上下车。	星星章一枚
			9.任何情况都不把身体探出阳台和窗外。	星星章一枚
	爱护环境	肩上有责章	1.不随地乱丢垃圾，垃圾分类我先行，养成环保意识。	星星章一枚
			2.不伤害动植物，不捕捉有益的小昆虫和小动物。	星星章一枚
			3.不践踏草坪，不摘花折枝。	星星章一枚
			4.能照顾身边的植物，积极参加植树活动。	星星章一枚
			5.积极参加环保公益活动。	星星章一枚
	心有理想		1.有自己的梦想。	星星章一枚
			2.能定自己的小目标，并为之而努力。	星星章一枚
			3.心中有榜样。能讲一位榜样的故事。	星星章一枚

备注：

心中有爱章：阳光存折相应项目集齐 5 颗星获得一枚。

眼中有美章：阳光存折相应项目集齐 5 颗星获得一枚。

手中有艺章：阳光存折相应项目集齐 5 颗星获得一枚。

肩上有责章：阳光存折相应项目集齐 5 颗星获得一枚。

每集齐心中有爱章、眼中有美章、手中有艺章、肩上有责章四枚奖章，可换取一枚灵动少年特色章。

七、评价周期

（1）定章。一年级各班级是开展争章量化评价的主阵地。根据评价细则，班主任要制订好班级争章计划，规范上好争章启动课，帮助学生明确争章目标和获章标准，指导学生制订争章计划。

（2）争章。各班级根据具体章目组织开展校内外实践活动，引导学生记录争章过程和感受，组织学生参加大队闯关争章活动。

（3）评章。量化评价采取自评、互评、他评相结合的方式。在班级中，以小队为主体，学生、教师、家长等多方参与的评章机制，对队员的思想成长、掌握技能或所取得的进步进行考评、认定。评章的形式可以多样化，例如书面测试、展示汇报、技能操作、媒体呈现等，重视学生成长过程的展示，对其他同学起到引领示范作用。

（4）颁章。班主任指导学生充分利用《入队争章手册》和阳光存折，根据获得的星星章兑换相应的红领巾奖章，每一个月为一个周期，班主任每月根据学生获得基础章和特色章的数量统计，举行颁章仪式。每个月及时将颁章的结果在家长群公示。

（5）护章。学生要珍爱所获奖章。班主任根据学生获章结果布置争章园地，进行争章成果展示，激发学生的争章积极性。

八、入队名额

一年级第一批入队的名额以获章统计结果为依据，本着达标一批、吸收一批的原则，完成"六知、六会、一做"的入队基本标准，获得队前教育章的同学才可以加入少先队组织，然后按照获得奖章的数量（至少获得一枚红星章、红旗章和火炬章），选取班级总人数的前30%，将第一批新队员名单进行公示。

五、实施分批入队过程性评价

《关于构建阶梯式成长激励体系　增强少先队员光荣感的指导意见》附件1《入队规程》中指出："在适龄儿童完成规定时间和内容的组织教育后，通过自评、互评、他评进行量化评价，将达到学校入队评价指标的少年儿童名单进行公示。根据公示结果确定新队员名单，上报学校少工委审核批准。批准入队后，根据学校实际，分批次或集中统一举行入队仪式，填写《队员登记表》，由大队组织进行队籍档案管理。"

班主任对评价结果公示的及时程度，公示内容的公平公正程度，直接影响着学校分批入队的整体工作，也影响着家长对学校分批入队工作结果的支持程度。因此，各中队要根据《学校分批入队工作细则》，实施过程性评价，建议两周一次。学校少工委、区少工委要对公示过程和结果进行督导，保证实施过程公开透明、严格规范。

各学校还可举行分批入队工作互观互学互评活动，交流各学校大、中队分批入队工作中的经验和做法，并形成工作汇报；整理学校在分批入队工作中制定的分批入队标准细则，设计制作的争章手册、红领巾奖章实体章、分批入队手账（日记）、入队申请书等文化产品，进行相应的展示。在互相交流学习中取长补短，使工作更加规范，不断提升工作水平。

六、进行队前教育

有效的队前教育，是少年儿童开启少先队组织生活大门的钥匙。各区县、学校应以队前教育课程开发为着力点，夯实队前教育基础。

（一）队前教育的意义

《入队规程》中提到要按照教育充分、程序规范、执行细化的总要求开展少先队入队工作。队前教育是落实政治启蒙、价值观塑造、组织意识培育的重要手段，也是从源头培养少先队员的光荣感和组织归属感的核心要素，更是落实《入队规程》的起步环节。

（二）队前教育课程内容研发

鉴于队前教育系统性较弱、工作力度有待加强的现状，结合时代要求和工作实际，科学有序地研发队前教育课程，成为充分保证队前教育成效的重要途径。

章丘区少工委成立由少先队活动中心组成员、名师工作室成员、骨干少先队辅导员组成的队前教育课程组，对队前教育的课程内容、课时安排、教学设计、评价方式等进行深入研讨，并做好分工，通过课程教研、红领巾论坛等方式，集思广益、优化设计，精心打磨每一节队前教育课，通过少先队微信平台分享给一年级小学生、家长及班主任。

经过共同努力，共青团章丘区委、区教体局、区少工委编制了一年级队前教育课程教学用光盘和学生用教材，并在2020年新学年开学第一天作为礼物送给一年级班主任和一年级学生使用，为全区271个预备中队开展队前教育提供指导，引领全区9695名学生达到"六知、六会、一做"的入队标准。研发队前教育教材力求做到五个"更"，即人生底色更红、标志礼仪更规范、素材实例更贴近、实践活动更有趣、一键直达更便捷，从而更好地引领一年级小学生听党话、跟党走，达到"六知、六会、一做"的基本标准，这一做法先后被济南日报、新浪山东等媒体宣传报道。

1.人生底色更红

教材的设计立足于讲好"儿童化"的政治，突出理想信念教育，把制度自信的种子播进孩子们的心田。在讲解"六知、六会、一做"的基本内容时，根据一年级孩子的身心特点和认知规律，由浅入深、串珠成链，利用多种形式带领孩子们了解中国共产党，从小树立向往热爱少先队、共青团、共产党的先进政治追求，加深对"党是先锋队、团是突击队、队是预备队"这一血脉关系的理解，引导孩子们永远热爱党、听党话，做党和人民的好孩子，帮助他们打好人生底色，扣好人生第一粒扣子。

2. 标志礼仪更规范

教材内容设计以《中国少年先锋队章程》和《中国少年先锋队标志礼仪基本规范》等文件为依据，图文并茂，使"六知、六会、一做"中的标志礼仪，标准、形象、直观，一年级孩子更容易学会、学准、学对，为队前教育学习提供精准的指导和操作示范。

3. 素材实例更贴近

教材中选取了贴近孩子的榜样教育的实例，不仅有习爷爷关心少年儿童成长的故事，还有共和国勋章获得者、改革先锋、时代楷模等的先进事迹，还列举了孩子们身边生动鲜活的事例，充分利用身边人、身边事、家乡的榜样，让孩子们觉得榜样就在身边，榜样可学。用英雄人物、先进榜样教育少年儿童，引导孩子们崇尚先进、见贤思齐。

例如：将"疫情教育"写入教材中，把抗击疫情中的事例融入教材，与"六知、六会、一做"的知识相融合，让孩子们懂得什么是挺身而出、临危不惧，什么是家国情怀、中国自信。认识到"中国共产党为什么能""中国特色社会主义为什么好"，将制度自信的种子播撒进孩子们的心中。

4. 实践活动更有趣

"卷首语"中有辅导员老师对孩子们说的"悄悄话"，结语中有对孩子们的美好祝福。教材中运用了动漫、歌曲、童谣、游戏等形式，贴近一年级孩子的认知特点，让孩子们在生动活泼的内容中受到思想启迪，学到知识。

每一节队课后面都设置了星级任务卡，活动设计和星级体系相结合，引导孩子们在追求一个个小目标的过程中，持续树立组织归属感和光荣感。

教材中还提倡亲子共学，家长和孩子一起学习；向家长宣传少先队教育理念，带动家长用正确思想、正确行动、正确方法教育引导孩子，让家长成为支持少先队的重要力量。

5. 一键直达更便捷

教材中的每一课都设置了二维码，只需扫一扫，就可一键直达"章丘区微信平台"的队前教育系列课程，观看优秀辅导员的队课案例，方便孩子们学习。一年级的班主任还收到了教学所用的光盘，包括教学设计、教学课件和拓展资料，为班主任开展队前教育活动提供了指导。

（三）"创新"队前教育模式

在区级队前教育课程研发基础上，章丘区各学校开展了"15+X"队前教育模式。"15"是指各校上好区级研发的队前教育课程共 15 节，"X"是指学校自主开展的队前教育活动。各校切实发挥主动性和创新性，形成了各具特色的校本队前活动。

1. 红领巾飞行棋，玩中学知识

实验小学结合一年级小朋友活泼好动，热衷于游戏、竞赛等特点，精心制作了红领巾飞行棋游戏。棋盘上写着"少先队六知六会"等问题。小朋友的飞机飞到了哪一个格子上，就要回答格子里相应的问题，答对了奖励，继续前进一格，答错了就得退后相应格数，在其他小朋友的帮助下重新回答，最先到达终点的小朋友获胜。让一年级学生玩中学，玩中练，在快乐游戏中巩固队知识。

2. 教室墙会说话，沉浸增体验

各学校还可以举行优秀阵地评选活动，如：创设"习爷爷教导记心间""从小学先锋、长大做先锋"等传承红色基因文化墙，制作"队史我知道""队知识我来学"等少先队知识文化墙，开辟"摘星园""星光灿烂"等红领巾争章园地，一年级学生沉浸其中，潜移默化地培育了对少先队组织的向往之情。

3. 红领巾争章，闯关学知识

鲁能实验小学组建了"队知识巡讲团"，由学校党支部书记、校长、德育主任、大中队辅导员、高年级队员担任成员，带领一年级学生学习"六知、六会、一做"的队知识，并开展了"入队知识大闯关"活动，闯关成功的小学生获得"队前教育章"。

4. 红领巾寻访，争当"红"孩子

三涧小学、普集学区学校、官庄学区学校、埠村学区学校、龙山学区学校带领一年级小学生走进红色基地，感受家乡的红色文化，传承红色基因。章丘辖区102所学校271个中队还开展了高年级队员"小辅导员"讲队课、队知识闯关游戏课、党员结对课 1200 余次，夯实了队前教育基础，筑牢了思想根基。

第三章　多方合力做好分批入队工作

分批入队工作需要学校、家庭、社会相结合，发挥好各方面力量，为分批入队工作营造有利环境，共同帮助一年级学生向少先队组织靠拢，增强他们的光荣感和组织归属感。

一、关注三个重点人群是做好分批入队工作的前提

分批入队工作能否稳妥、顺利推进，关键在于学校少工委主任如何引领，一年级班主任执行过程是否规范，一年级家长是否认可支持。因此在分批入队工作中要关注以下三个重点人群。

（一）校长要履行好第一责任人的职责

学校党组织书记或身份是党员的校长为学校少工委主任，是学校分批入队工作的第一责任人。从学习分批入队相关文件精神、召开家长会、制定细则，到每一次量化公示，再到两批新队员戴上红领巾加入少先队，学校少工委主任既是参与者，也是见证者。第一责任人要做到"七清"：入队标准清、时间节点清、公示程序清、进展情况清、家长动态清、落实效果清、特色工作清。特色工作是指各学校在做好规定动作基础上，要创新开展分批入队工作，在队活动、队文化产品、入队仪式、家校合作等方面做出特色。

（二）班主任是打通分批入队最后一公里的关键人

队前教育是否落实到每一名学生、入队标准考核是否公平公正公开、量化公示是否让每一位家长知晓理解，是分批入队工作能否稳妥有序开展的重要因素，这些都与班主任工作息息相关，班级工作是分批入队工作的最后一公里，各学校一定要打通分批入队的最后一公里，组织好一年级班主任培训，各班班主任要做到思想高度重视、业务精准熟练、落实扎实有效、工作创新创优。

（三）做好家校互动沟通工作要依靠家长

家庭是孩子的第一所学校，家长是孩子的第一任老师。一年级孩子小，评价结果家长非常关注。所以与家长沟通是否充分，影响到分批入队工作能否平稳推进。学校要在分批入队整个过程中坚持正面宣传引导，通过家长会、致家长一封信、制作H5、宣传片、邀请家长参与有意义的亲子活动等方式，获得家长认同、理解、支持。

二、多方联动形成合力是做好入队工作的保障

充分发挥各方力量，调动各方的积极性、主动性，形成工作"共同体"，是做好入队工作的有力保障。

自2020年1月章丘区进行分批入队试点工作以来，团区委主动承担起主体责任，积极争取多方支持，科学稳妥开展工作，在构建阶梯式培养成长激励体系上摸索出了一些经验。

（一）高度重视，争取支持

1. 思想上高度重视

少先队是共青团工作的重要组成部分，少先队工作也是共青团的责任田，只有将团的各项工作延伸至改造少年儿童的意识层面，才能更好地担负起全团带队

的政治责任，真正不负"党的助手和后备军"这个光荣称号。分批入队试点工作正是落实和推动党团队一体化建设，深化少先队改革、破解少先队三个时代性课题、提升少先队组织影响力的有力抓手。因此，团章丘区委高度重视试点工作，早沟通、多协调、快落实，以锐意进取、只争朝夕的改革精神，确保分批入队试点工作取得明显成效。

2. 工作上争取支持

《关于深入贯彻落实党建带团建、队建 加强少先队工作体制机制建设的意见》"工作保障"一项中指出："要主动争取各级党委对少先队工作的领导和保障。"因此，在接到分批入队试点工作任务后，团区委第一时间向区委领导做专题汇报，详细汇报《关于构建阶梯式成长激励体系 增强少先队员光荣感的指导意见》《山东省分批入队试点工作方案》等文件以及团市委关于分批入队试点工作部署精神。区委领导对分批入队工作给予了高度关注和支持，并多次出席分批入队相关的会议和活动。在济南市新队员入队仪式暨分批入队示范活动中，济南市委常委相关领导受邀出席并讲话。

（二）团教协作，共同推进

团教协作是共青团工作开展的核心。近年来，团区委与区教育和体育局建立了常态化的议事协调机制，在涉及中小学生、青少年和共青团、少先队的重要政策和工作部署出台前，会互通情况、听取意见建议，就工作推进、项目实施过程中遇到的实际问题加强沟通协商。

分批入队试点工作需要团教协作，更离不开团教协作。团区委第一时间与区教育和体育局负责同志进行了沟通交流，组成了由教体局局长、团区委书记任名誉组长，教体局、团区委分管领导任组长，学校少工委主任任成员的区级分批入队领导小组，共同研究制订了分批入队一系列工作计划，最终确定了"团区委、区教体局总体部署——区少工委牵头——各学校少工委具体落实"的工作思路。

（三）突出重点，统筹推进

1. 制定方案

在区级层面，召开了分批入队工作调研座谈会，邀请部分学校少工委主任、分管校长、大队辅导员、一年级班主任、一年级家长代表、一年级学生代表座谈交流，听取座谈人员对分批入队试点工作的认识，以及对一些重点环节的意见建议。随后，在全区各学校少工委征求意见，并根据征求的意见建议，共同协商完善了正式出台的《分批入队实施方案》，召开了分批入队部署会，对这项工作进行了全面的安排部署。

2. 科学布局

坚持挂图作战，在《分批入队试点工作方案》中，横向根据时间进度安排、具体工作任务两方面，纵向按照区级层面、学校层面两个层面，科学设计工作进度，细化工作任务，明确时间节点。制定了《章丘区分批入队工作进度表》，通过建立周报告、月推送制度，调度各学校少工委的工作进展，并在分批入队工作展板上进行动态管理和公示。

3. 有序推进

我们协作拍摄了《星星火炬伴成长 争做小小追梦人——队旗下的告白》微电影，营造全社会支持少先队工作的浓厚氛围。贯彻落实《入队规程》要求，协作编印了少先队队前教育教材，用于一年级系统、规范的队前教育；召开"落实八少会精神 培育时代新人"分批入队互观互学互评现场会，各学校少工委通过图文并茂的展板和各具特色的文化产品展示分批入队工作成果，互相学习、共同进步；协作开展了区少先队学习"党的十九届五中全会精神"座谈会暨少先队工作汇报交流片区教研活动，分片区学习贯彻党的十九届五中全会精神，并对分批入队工作进行研讨，梳理总结分批入队工作经验和问题，为下一步全面推广夯实基础。

4. 做好经费保障

我们累计拿出专项资金 6.5 万元，用于教材编印、宣传片拍摄、示范活动等项目，确保分批入队试点工作顺利开展。

5. 统筹推进两批入队工作

分批入队的初衷是构建阶梯式成长激励体系，增强少先队员光荣感。分批但不分等级，因此在做好首批入队工作的同时，在时间进度上统筹部署推进第二批工作，并对第二批入队的学生进行激励教育，引导孩子学习身边的榜样，朝着制定的目标努力奋进，尽早成为一名合格的少先队员。

（四）总结经验，探索更多增强少先队员光荣感的有效途径

分批入队试点工作的有效探索和初步成果，使辅导员、家长更加认识到增强少先队员光荣感和组织归属感的重要性。于是，在总结经验的基础上，结合章丘区实际，基层各学校不断探索新的途径。2020 年 11 月底，章丘区召开了第一次少代会，会前征集了 110 条有效的红领巾小提案，并在会上对"十佳小提案"进行了表扬。少先队提案也得到了区领导的高度重视，区政协领导指导提案办理，并将涉及多个部门的提案通过政协提案系统转化为"少年版"政协提案，由相关部门协商办理。针对其中"青少年爱眼护眼"的提案，区政协副主席带队到小提案者所在学校进行了调研座谈，了解小提案产生的过程。

建立长效机制，关切队员成长，倾听队员心声，增强少先队员参政议政能力，探索更多队员成长激励项目，切实增强少先队员光荣感和组织归属感，是团队工作者们努力的方向。

三、大胆创新、实践探索是分批入队工作落地落实的基础

如何逐渐改变全童同时入队的方式，以分批入队的方式从源头上增强少先队员的光荣感和组织归属感，既需要大胆创新，又需要在实践中反复探索，真正取

得实效。

2020年1月，章丘区启动了分批入队工作。在接到分批入队工作任务后，按照区少工委关于分批入队的工作要求，汇泉小学第一时间召集学校少工委委员开会，学习文件，研究工作，制定学校的分批入队工作细则，从学习区里文件到召开家长会，到制定细则，再到每一次公示，到最后两批孩子都戴上红领巾入队，取得了初步的成果。学校分批入队工作经验被山东少先队平台进行了宣传报道，《泉小汇入队记》漫画被《齐鲁少年》报刊发，分批入队工作家长零投诉。成绩的取得，取决于学校"分批入队工作三步走"的工作思路和做法。

（一）用好红领巾奖章，走好分批入队第一步

制定公平公正的分批入队细则标准是首要前提，而用好红领巾奖章，把握制定细则和过程评价这两个关键环节，则是重要步骤。

1. 以红领巾奖章为载体，制定分批入队细则

学校多次召开少工委会议，研究学习区级的工作方案，在制定标准细则时，注重把握好"公平、公正、科学、规范、操作性强"的要求，做到"突出一个中心""打好一个基础""促进五个发展"。"突出一个中心"是指聚焦政治启蒙、价值观塑造、组织意识培育的主责主业；"打好一个基础"是指打好"六知、六会、一做"的队前教育基础；"促进五个发展"是指五育并举德智体美劳全面发展。初稿制定后，通过下发致家长的一封信、开设少工委信箱、召开线上家长会的方式，先后两次征求家长的意见，3次修改初稿，结合学校36个好习惯，最终确定了政治启蒙方面8条指标、价值观塑造8条指标、思想引领16条指标，共计32条基础指标和五育并举的22条特色指标。

在征求家长、中队辅导员意见的基础上，分批入队细则日趋公平、公正、科学、规范，而操作性强的要求怎样体现呢？经过多次协商，学校把分批入队的细则和红领巾奖章有机融合：达到"六知、六会、一做"标准，可获得"队前教育章"；达到政治启蒙、价值观塑造、组织意识培育相关要求，可获得12个子章，并兑换红星

章、红旗章、火炬章；达到德智体美劳全面发展的相关指标，获得汇智章、汇美章、汇礼章、汇德章、汇孝章五个特色章。通过奖章的设置，促进预备队员的努力向上，让一年级小豆包在加入少先队组织前就接受正确的思想启蒙和价值观引领。

2. 依托"一园三册"，规范公示量化

队前教育充分、入队标准具体、入队程序规范是分批入队的总要求。学校的细则标准家长认同了，那接下来如何消除家长对于实施过程中可能出现不严格不规范的顾虑呢？学校少工委要求每个中队设置"一园三册"，完善评价过程。"一园"是指中队设置"红领巾奖章园地"，奖章园地包含每一名预备队员的名字、分批入队工作细则中的 32 条基础指标和 22 条特色指标，预备队员在争章过程中，每达标一条就会奖励一枚星星章，点滴进步随时记录在红领巾奖章园地里。"三册"是指"泉小汇成长记录册""分批入队手账""分批入队公示簿"。"泉小汇成长记录册"翔实地记录了预备队员争章的全过程，"分批入队手账"是辅导员老师记录的分批入队工作中预备队员的精彩表现和自己的工作感悟，"分批入队公示簿"则是一座公开、透明的沟通桥梁，向家长一周一公示分批入队工作的进展。"一园三册"的使用，便于预备队员和家长对分批入队工作进行监督，使执行过程更加公开透明，公平公正。

（二）发挥少工委作用，分批入队工作稳步走

学校少工委成立分批入队工作小组，在制定工作细则、公示争章结果、解答家长疑惑、对中队辅导员进行量化等方面发挥指导、监督的作用。

1. 组织培训，提高辅导员的专业水平

具体做法：在制定细则前、实施细则过程中、公示争章结果后，分别组织两次学习，每周三下午组织辅导员论坛，及时发现分批入队工作中的问题，交流好经验好做法。比如说一（1）中队的一名小学生在校期间各方面都表现不错，但是在家却是"小霸王"，家长也为之苦恼，多次和辅导员沟通。辅导员利用学校

特色章中的"汇孝章"，让这名学生作为必选章目去学习争章。于是，他在家的表现发生了变化。辅导员的每周交流大大提升了专业化水平。

2. "1+2"制度，形成分批入队联动机制

学校少工委工作实行"1+2"制度，"1"是指一个少工委委员负责 1 个中队，"2"是指抓好公示和颁章。每位少工委委员包一个中队，还创建了"家长留言簿"，形成了中队记录、家长监督、学校少工委督导的三级联动机制，助力分批入队工作有序开展。

3. 特色量化，激发辅导员的创新性

多年来，学校一直对中队和中队辅导员实行量化考核，2020 年将一年级分批入队的工作纳入对各中队的考核中，每月一检查一量化，学期末评选出"优秀辅导员"和"优秀中队"，优秀辅导员获得一枚"园丁章"，优秀中队可获得一枚"集体一星章"。在特色量化考核制度的激励下，辅导员们都做到了思想高度重视、业务精准熟练、落实扎实有效、工作创新创优。

一（1）中队辅导员石老师根据预备队员喜欢游戏竞赛的特点，设计了红领巾飞行棋游戏；一（5）中队的辅导员张弘老师以学校名称"汇泉"两个字，塑造了"泉小汇"的人物形象，绘制了《泉小汇入队记》的漫画，详细记录了泉小汇认真学习少先队知识，德智体美劳全面发展，努力争章的全过程。一（7）中队辅导员王庆霞老师开设了"红领巾存折"，让预备队员把获得的章存进红领巾存折，条目清晰，记录了他们的成长。

（三）家校共同努力，分批入队工作齐步走

家校沟通是保证学校分批入队工作有序推进的重要途径。一年级新生入队不只是孩子的事情，也是整个家庭的大事。我们在工作中最大限度争取家长参与，使家长成为分批入队工作的支持者、推动者。

1. 激发回忆，引起家长共鸣

现在大多数一年级学生的爸爸妈妈小时候都经历了分批入队，抓住这一细节，我们在学校微信公众平台开设了《分批入队有故事——来自家长的红领巾记忆》栏目，请家长讲述自己小时候入队的经历。如：讲述自己怎么通过努力加入少先队组织的或没能第一批加入少先队又是怎么做的等许多生动小故事。一个个有代表性的故事引发了家长们的情感共鸣，在家长群体中达成了分批不分等级、争先不恐后的共识，为分批入队工作打好认知和思想基础。

2. 家校沟通，获得家长认同

学校与家长沟通方面做到了：制定细则听取家长意见；一周一次公示接受家长监督；入队仪式邀请家长参与。通过家长会、致家长一封信、H5、家访、走近社区倾听家长心声等方式，努力做到了"三多一少"。"三多"即多听取家长意见、多接受家长监督、多邀请家长参与；"一少"就是让家长的顾虑最大限度减少，尽可能消灭在萌芽中，让分批入队工作最大化地获得家长理解、接受、认同。

3. 亲子学习，让红色基因代代相传

学校积极开展"15+X"队前教育，"15"是指区级研发的15节队前教育课程，"X"是指学校自主开展的队前教育活动。我们把区少工委制作的队前教育教材发给每一名预备队员，把录制的队课发到中队群，让家长和孩子通过看书或者看视频一起学习队知识，利用群内打卡或者拍照等形式记录学习过程。亲子互动做得好的，就可获得一枚"亲子学习章"。学校还充分利用家长资源，让家长走进校园和队员们一起学队史、党史；带领队员们走进三涧溪乡村振兴馆，和接受过习近平总书记点赞的英雄模范代表高淑贞对话……通过亲子互动学习，发挥家长的作用，让家长鼓励孩子们积极向少先队组织靠拢，家长也更加支持少先队工作。通过细致的工作，更多的家长加入分批入队工作中，成为分批入队工作的推动者、宣传者。学校少先队先后分两批举行了新队员入队仪式。在隆重庄严的仪式中，少先队员们潜移默化地接受着红色教育。

家校共育篇

　　家庭是人生的第一所学校，家长是孩子的第一任老师，家庭教育在孩子成长过程中起着非常重要的作用。在分批入队工作中，家长也是一支重要力量。家庭和学校保持一致的教育目标、建立良好的沟通，更有利于孩子的成长。

　　父母是孩子成长道路上的引路人。分批入队是激励孩子们发奋图强的一种方式，可以让孩子珍惜来之不易的荣誉，更加有入队归属感和荣誉感。孩子在努力的过程中会更加积极向上、发展完善。作为孩子的父母，要引导孩子向身边的榜样看齐，发现不足，努力改进，争取早日加入中国少年先锋队，成为一名光荣的少先队员。

第一章　孩子入队，家长也要做准备

少年儿童是祖国的未来、中华民族的希望，也是党的未来。我们党始终高度重视少年儿童、亲切关心少年儿童，始终把培养好少年儿童作为一项关系红色江山永不变色的战略性、基础性工作。2021年1月，《中共中央关于全面加强新时代少先队工作的意见》中指出："全面加强新时代少先队工作，强化对少年儿童的政治启蒙和价值观塑造，引导少年儿童时刻准备着为共产主义事业而奋斗，对于全面建设社会主义现代化国家、实现中华民族伟大复兴的中国梦，对于确保党和人民事业薪火相传、后继有人，对于红色基因代代相传，具有重大而深远的意义。"面对分批入队，家长要做好以下准备。

一、加强学习，准确把握党、团、队的血脉关系

"入队、入团、入党"是一个人政治生活中的三件大事，一年级小学生加入少先队组织是其中的第一步。家长朋友们要提高自身政治素质，通过言传身教让孩子知道中国共产党为什么能，马克思主义为什么行，中国特色社会主义为什么好。家长朋友还要在工作之余学习一些少先队的基本知识，加深对少先队组织的了解，知道中国少年先锋队是党创立和领导的中国少年儿童的群团组织，是少年儿童学习中国特色社会主义和共产主义的学校，是建设社会主义和共产主义的预备队。

二、放平心态，正确认识分批入队的积极意义

在前面篇章中我们讲过，"坚持全童入队，实施分批入队"是中共中央着力增强少先队员光荣感、推进新时代少先队组织改革创新的重要举措。分批入队有利于营造你追我赶、奋发向上、积极阳光的学习环境，更能让每一名孩子接受充分的队前教育。分批但不分等级，最终达到全童入队。分批入队使队员在老师的引导、家长的鼓励、同伴的帮助及自己的努力下，最终加入少先队组织，帮助孩子在努力过程中感受队组织温暖，在队集体中不断学习进步。

三、有的放矢，知晓理解学校分批入队工作细则

少先队组织的政治属性决定着各学校在制定分批入队工作细则时，不是唯成绩论，而是强化政治引领，聚焦培养共产主义接班人，聚焦传承红色基因，聚焦政治启蒙、价值观塑造。重点是教育引导少先队员牢记习近平总书记的教导，培养少先队员对党和社会主义祖国的朴素情感，培育少先队员共产主义理想和道德的萌芽，引导少先队员从小培育和践行社会主义核心价值观。在此基础上做到德、智、体、美、劳全面发展。学校会以上述内容为原则制定科学、合理的评价标准，并按照"教育充分、程序规范、执行细化"的总要求开展分批入队工作，保证公开、公平、公正。

第二章　为孩子入队助力

为帮助孩子早日加入少先队，家长朋友可以从以下三个方面助力。

一、情感共鸣，帮助孩子做好心理建设

家长可以给孩子讲述自己小时候入队的故事，讲述自己怎么通过努力加入少先队组织、没能第一批加入少先队又是怎么做的等生动事例，和孩子达成情感共鸣，帮助孩子做好"分批入队"的心理准备。章丘区少工委持续开展了以"分批入队有故事——来自家长的红领巾记忆"为主题的征文活动，下面是从中选取的两篇，供大家参考。

▶▶ **案例一**

我的过去，你的现在

济南市章丘区福泰小学　杨琦烁爸爸

20世纪80年代末，爸爸上一年级了。那时候，小学生的入队也是分批进行的，只有品学兼优的学生才可以第一批入队。因此，班里的同学们在各方面都很努力，为自己争取第一批入队的机会。爸爸当时很光荣地成了第一批入队的少先队员，特别自豪，也特别兴奋！

在入队仪式上，大队辅导员的讲话给我留下了很深的印象，记忆最深刻的一句话是："我们胸前飘扬的红领巾代表红旗的一角，是用革命先烈的鲜血染红的"。这句话一直牢牢地扎根在我的心里。因此，我格外爱护胸前的红领巾，每天佩戴着它，让它激励和见证我的成长和进步。我们每次集会时都会唱少先队队歌，歌词"我们是共产主义接班人，继承革命先辈的光荣传统"让我感到特别振奋。那种爱祖国、爱人民的高尚情怀在我心中一点点萌生并深深地扎根。作为优秀少先队员代表，我多次在集体活动中发言。望着鲜艳的五星红旗，抚摸着胸前的红领巾，浓浓的爱国情怀激荡于胸。真的很骄傲，我是一名少先队员！

一晃30年，现在你也是一年级的小学生了，红领巾还没有佩戴在你的胸前，但我想很快，你也会成为少先队的一员了。爸爸妈妈会替你感到高兴，希望你不辜负党和国家对新一代少年儿童的希望，成为一名听党话、跟党走，爱祖国、爱人民、爱劳动、爱科学、爱护公共财物，努力学习的好少年，立志为建设中国特色社会主义现代化强国贡献力量，努力成长为社会主义现代化建设需要的合格人才，做共产主义事业的接班人！

孩子，你准备好了吗？孩子，去担负起你的责任吧，少先队员将是你最耀眼的身份！

▶▶ 案例二

孩子，请系好人生第一粒扣子

济南市章丘区汇泉小学　李一馨妈妈

每当我听到中国少年先锋队队歌《我们是共产主义接班人》，激昂、振奋的情怀就涌上心头，当年第一次戴上鲜艳的红领巾的模样，成了我一辈子最深刻的记忆。那个时候，我天天做梦都在想，我什么时候才能像大哥哥和大姐姐一样，光荣地加入少先队呢？还记得那是一个周五的下午，老师说我们班有10名同学有幸第一批加入中国少年先锋队，老师会根据学生的队前教育、日常表现，通过自评、互评、他评的方式选出10名学生第一批加入少先队，并且在周一的升旗仪式举行第一批新队员入队仪式。我感觉自己很有希望，但是又害怕自己会落选，忐忑的心情让我在接下来的周末里，完全都没有休息好。终于，熬到了周一的早上。

周一这天，我是家里醒得最早的，这和以前形成巨大反差，爸爸妈妈也很诧异。到校之后，在操场上，辅导员老师当场宣布班里第一批加入少先队的名单，并且向要入队的学生发放红领巾，叮嘱上台的注意事项。我听着老师一个一个地念名字，那种忐忑的心情，我至今难忘。直到最后一个名字念完，我发现没有自己的名字，那种失落感难以言表。我的鼻头一阵酸。我使劲屏住呼吸，努力控制自己的泪水，心里暗暗发誓，第二批少先队员必须有我的名字！

从那以后，我像完全变了一个人一样，上学从没有再迟到过；上课认真听讲，积极回答老师的问题；每次值日打扫卫生，也总是打扫得干干净净；在接下来的暑假里，仅仅用了一周的时间就完成了所有的暑假作业并且按计划预习下册的内容。除了在学习上我积极主动，在生活中我也相当活跃，坐公交车主动给老人或小孩子让座。总之，那段时间我好像在和别人较劲一样，努力做到优秀。你看，这就是一条小小红领巾的力量，它是我人生路上的指南针，是我走上正确的道路的第一步。

终于，我如愿第二批加入少先队。记得那天参加完入队仪式的我，课间兴奋地跑到操场上，拿着手里的红领巾，闻了又闻、亲了又亲，我累得躺在操场上，高高地举起红领巾，对着太阳看了又看，浑身涌动着一种至高无上的荣誉感……

我的孩子，你知道吗？在人的一生中，少年时代是多么的重要。这是一段到处充满生机的时光，它浑身洋溢着热情、到处充满着希望。妈妈希望你能热爱祖国，热爱少先队，积极参加少先队活动，认真学习。妈妈希望你能够乐观、积极、向上。爸爸妈妈和你一起迈好人生的第一步，帮助你系好人生的第一粒扣子！

妈妈也相信你能做到、能做好。妈妈仿佛已经看到了：一双开心到飞起的小手，一个骄傲到不行的小脸，从远处跑来，大声地向我喊道："妈妈，我成为少先队员啦！"

以上是杨琦烁的爸爸和李一馨的妈妈在杨琦烁和李一馨入队前写给他们的一封信。通过读这两封信，我们能深切地感受到琦烁爸爸和一馨妈妈小时候对少先队的向往。琦烁爸爸第一批加入少先队戴上红领巾，胸前红领巾带给他的荣耀始终激励他进步成长；一馨妈妈虽然没能第一批加入少先队，但通过自己的努力在第二批加入少先队戴上红领巾时的样子却成了她一生中最深刻的记忆。正如一馨妈妈所说："这就是一条小小红领巾的力量，它是我人生路上的指南针，是我走上正确的道路的第一步。"父母是孩子成长路上最好的老师，琦烁和一馨深受父母的影响，通过自己的努力成了一名光荣的少先队员。

二、积极参与，助力学校制定分批入队工作细则

很多家长是家庭教育的专家，或者对教育孩子有着独到的见解。学校在制定分批入队工作细则时会向家长征求意见，欢迎家长朋友在收到学校征求意见通知时，积极参与，提出切实可行的意见。

济南市章丘区东山小学王晨萱的妈妈根据学校制定的红领巾奖章中"践履章"的指标，提出加入热爱劳动和爱护环境的二级指标，倡议同学们自己的事情自己做、积极参与劳动、从小学习垃圾分类知识等。章丘区汇泉小学李文炫的妈妈根据"汇泉"的"汇"字结合中国传统文化，提出了汇智、汇美、汇德、汇孝、汇

礼的特色章目名称，最终被学校采纳。

三、亲子学习，和孩子一起向队组织靠拢

家长朋友要做陪伴孩子学习的伙伴。"六知、六会、一做"是入队基本标准，家长们可以和孩子一起学习队前教育教材，一起观看队课视频，陪孩子一起学习队知识，一起练习"佩戴红领巾、誓词、呼号"等队礼仪；家长们还可以利用身边的资源，为孩子提供社会实践的场所，和孩子一起感受家乡发展、祖国建设的伟大成就；还可以带领孩子走进红色教育基地、学习红色历史，寻访英雄模范人物，在寻访中传承红色基因，引导孩子发自内心地热爱党、热爱祖国、热爱人民，拥护中国特色社会主义；还可以给孩子讲讲实现中华民族伟大复兴中国梦的故事，引导孩子认识到祖国和民族的未来归根结底要靠一代又一代人亲手去创造，从而激励孩子积极向队组织靠拢，将来加入共青团，长大加入中国共产党，接过历史的接力棒，为跑出他们这一代人的好成绩从小做好全面准备。

济南市章丘区清照小学开展"亲子共成长　秀出你风采"的少先队亲子活动，李铭宇同学和爸爸妈妈一起采用趣味闯关的形式完成"六知、六会、一做"的少先队队前教育；王祥岳同学和妈妈把队知识做成小纸条并折叠起来，再抓阄，抓到哪个就说哪个，每天进行一次练习，把队知识掌握得非常扎实；韩辰瑶同学跟着妈妈学唱队歌，在社区帮助清洁工奶奶打扫社区卫生，在入队前认真学习少先队知识，多为人民做好事，为加入少先队组织努力。

分批入队就像照镜子，是激励孩子们发奋图强的一种方式，可以让孩子珍惜来之不易的荣誉，让孩子们在努力的过程中发展完善。作为家长要引导孩子对照榜样，发现不足，努力改进，争取早日加入少先队，努力成为一名光荣的少先队员。

队前学习篇

中国少年先锋队是中国少年儿童的群团组织，是少年儿童学习中国特色社会主义和共产主义的学校，是建设社会主义和共产主义的预备队。入队、入团、入党是一个人政治生命的三座里程碑。从2020年9月起，全国已经全面实施分批入队工作。加入少先队的小朋友就能像高年级的大哥哥大姐姐一样，戴上鲜艳的红领巾。你是不是很期待能早日加入少先队啊？

少年儿童加入少先队组织要经过充分的队前教育，达到"六知、六会、一做"（"六知"为知道少先队的名称、知道少先队的创立者和领导者、知道队旗的含义、知道队徽的含义、知道少先队员的标志、知道少先队的作风，"六会"是指会戴红领巾、会敬队礼、会呼号、会唱队歌、会背入队誓词、会写《入队申请书》，"一做"是指入队前要为人民做一件好事）的基本标准，此外还要牢记习爷爷的教导："热爱祖国，热爱人民，热爱中国共产党，树立远大理想，培养优良品德，勤奋学习知识，锻炼强健体魄，培养劳动精神，从小学先锋、长大做先锋……"

下面就让我们和爸爸妈妈一起学习"六知、六会、一做"的相关知识，一起认真完成课后小任务，开启"争星之旅"，一起见证加入中国少年先锋队的光荣时刻！

扫一扫，了解更多

第一章　了解中国少年先锋队

▶▶ 欢迎小朋友们进入美丽的小学校园

一、认识中国少年先锋队

我们的队名是中国少年先锋队，我们队的创立者和领导者是中国共产党。在党的阳光照耀下，在共青团带领下，一代又一代少先队员听党的话，跟党走，努力做祖国的好儿童，做党和人民事业的接班人。

我们的学校有很多班级，每个班级就是一个中队，每个中队可以分为几个小队。所有中队组成一个少先队大队。

▶▶ 小队

▶▶ 中队

▶▶ 大队

二、校园里的少先队阵地

▶▶ 少先队活动室

▶▶ 鼓号队

▶ 走廊里的"党史馆"

▶ 学校里的党史陈列馆

▶ 红领巾成长林

▶ "红领巾记忆"博物馆

▶ "青鸟"邮局

▶ "党建带队建"文化墙

▶ 三簿一册

▶ 中队名片

▶ "红领巾奖章" 争章园地

▶ 中队小家务

三、丰富多彩的少先队活动

少先队员是少先队的小主人，每周我们都有一节少先队活动课。

▶ 队会、队课

▶ 红领巾寻访活动

▶ 清明祭英烈活动

▶ 实践体验

▶ 参观"红色基地"

▶ 志愿服务

少先队员们在少先队这所大学校里快乐成长、全面发展。

四、加入中国少年先锋队

▶ 入队仪式

加入少先队可是有秘诀的，那就是要热爱祖国、热爱人民、热爱中国共产党，在达到"六知、六会、一做"的入队基本标准基础上，做到德、智、体、美、劳全面发展。如果你表现优秀，率先达到入队标准，那么就会首先加入少先队。其他的小朋友向着少先队员的目标继续努力，达到入队标准后，就可以全部戴上红领巾、加入少先队啦！

课后任务卡

这节课的内容你都记住了吗？一起看看你能摘到几颗星？

1. 向爸爸妈妈介绍一下你了解到的少先队。★

2. "寻找校园里的最美少先队"活动：小朋友们可以在校园里寻找少先队元素，请老师们帮忙拍下你眼中最美的少先队。★★

3. "寻找我家的最美少先队记忆"活动：小朋友们可以和爷爷奶奶、爸爸妈妈等不同年代的少先队员合影，聆听他们的故事。★★★

希望小朋友们从现在开始，立志向、修品行、练本领，为早日成为一名光荣的少先队员而不断努力！

快来评一评

评价标准	我们的队名	寻找校园里的最美少先队	寻找我家的最美少先队记忆
自己评	☆	☆☆	☆☆☆
小组评	☆	☆☆	☆☆☆
班级评	☆	☆☆	☆☆☆

扫一扫，了解更多

第二章　少先队的名称

　　校园里佩戴红领巾的大哥哥大姐姐，都是光荣的中国少年先锋队队员。今天我们来学习队的名称。

　　我们的队名是——

zhōng guó shào nián xiān fēng duì
中国少年先锋队

　　《中国少年先锋队章程》中指出：凡是6周岁到14周岁的少年儿童，愿意参加少先队，愿意遵守队章，向所在学校少先队组织提出申请，达到入队要求后，经批准，就成为队员。

▶ 章丘区清照小学举行入队仪式

一、先锋伴我成长

先锋是那些为人类开辟道路或为人民的利益走在前头、不怕牺牲的人。战争年代，先锋就是为新中国的成立抛头颅洒热血的革命先烈；和平年代，先锋是为人民谋取利益的人。他们都是我们学习的榜样。

"我们是共产主义接班人，继承革命先辈的光荣传统"。"从小学先锋、长大做先锋"是党对我们的嘱托。

▶ 王二小　　　　　▶ 刘胡兰　　　　　▶ "小萝卜头"宋振中

二、寻找新时代先锋人物

当今，我国涌现了许许多多的先锋人物，他们勇于担当作为，做出了卓越贡献，他们就是新时代先锋。你都知道哪些新时代先锋？

我知道＿＿＿＿＿＿＿＿＿＿＿＿＿＿＿，

我还知道＿＿＿＿＿＿＿＿＿＿＿＿＿＿＿。

新时代先锋

▶ "共和国勋章"获得者李延年

▶ "诺贝尔奖""国家最高科学技术奖"获得者屠呦呦

▶ "人民科学家"国家荣誉称号获得者南仁东

▶ "共和国勋章"获得者钟南山

先锋精神到底是什么呢？快来跟小伙伴讨论一下吧！

党以"先锋"的称号命名少年儿童组织，是为了教育少年儿童学习先锋，继承革命先行者的事业，做革命接班人，沿着中国共产党开辟的道路勇敢前进。

让我们从小学先锋、长大做先锋，努力成长为能够担当民族复兴大任的时代新人。

课后任务卡

这节课的内容你都记住了吗？一起看看你能摘到几颗星？

1. 将以下文字用语音形式发至班级群：我们的队名是"中国少年先锋队"。★

2. 请爸爸妈妈做出队名的字卡，打乱顺序，同学们按正确顺序排好。★★

3. 你知道哪些先锋故事呢？和爸爸妈妈一起讲一讲吧。★★★

4. 跟爸爸妈妈制订一个学先锋的小计划，我们一起学先锋，做先锋。

★★★★

从小学先锋，长大做先锋！同学们，让我们时刻准备着！

快来评一评

评价标准	我们的队名	字卡顺序	讲先锋故事	争做先锋
自己评	☆	☆☆	☆☆☆	☆☆☆☆
小组评	☆	☆☆	☆☆☆	☆☆☆☆
班级评	☆	☆☆	☆☆☆	☆☆☆☆

扫一扫，了解更多

第三章　我爱中国共产党

没有共产党，就没有新中国！我们要热爱中国共产党。那共产党是一个什么组织？今天，我们就一起认识中国共产党。

《中国共产党章程》中讲，中国共产党是中国工人阶级的先锋队，同时是中国人民和中华民族的先锋队，是中国特色社会主义事业的领导核心，代表中国先进生产力的发展要求，代表中国先进文化的前进方向，代表中国最广大人民的根本利益。党的最高理想和最终目标是实现共产主义。

1921 年 7 月 23 日，中国共产党第一次全国代表大会在上海开幕，最后一天的会议转移到浙江嘉兴南湖举行。党的一大宣告中国共产党的正式成立，这是中国历史上开天辟地的大事。

一、了解党徽

中国共产党党徽为镰刀和锤头组成的图案。

▶ 党徽

二、了解党旗

中国共产党党旗为旗面缀有金黄色党徽图案的红旗。
中国共产党的党徽和党旗是中国共产党的象征和标志。

▶ 党旗

你知道为什么要热爱中国共产党吗?

▶▶ 2021 年 2 月，全国脱贫攻坚总结表彰大会在北京人民大会堂隆重举行。

没有共产党就没有新中国。祖国建设的伟大成就和今天的幸福生活归根结底
来源于党的正确领导、来源于革命先烈的英勇牺牲、来源于人民群众的艰苦奋斗、
来源于我国社会主义制度的优越性。

正是有了党中央的统一领导，中国才能集中力量办大事，从胜利走向胜利。

无论是在危难面前，还是在脱贫奔小康的路上，党
和国家始终把人民的利益放在第一位，我们为有这样的
党感到骄傲和自豪。

三、优秀共产党员

"七一勋章"获得者

马毛姐　王书茂　王占山　王兰花　艾爱国　石光银　吕其明　廷·巴特尔　刘贵今

孙景坤　买买提江·吾买尔　李宏塔　吴天一　辛育龄　张桂梅　陆元九　陈红军　林丹　卓嘎

周永开　柴云振　郭瑞祥　黄大发　黄文秀　黄宝妹　崔道植　蓝天野　魏德友　瞿独伊

> 同学们，我们认识了中国共产党，学习了许多优秀共产党员的事迹。你知道我们应该怎样热爱中国共产党吗？快来说一说吧！

　　让我们以优秀的共产党员为榜样，从小听党话，永远跟党走，为实现中华民族伟大复兴的中国梦贡献自己的力量。

课后任务卡

这节课的内容你都记住了吗？一起看看你能摘到几颗星？

1. 你知道我们党的名称吗？用语音的形式发至班级群吧！　★

2. 与爸爸妈妈一起和党旗党徽合个影吧。　★★

3. 你能用彩笔画出党旗党徽吗？　★★★

4. 当一次小记者，采访身边优秀的共产党员吧！　★★★★

我们一定要牢记党的嘱托：树立远大理想，培养优良品德，勤奋学习知识，锻炼强健体魄，培养劳动精神，从小学先锋、长大做先锋，努力成长为能够担当民族复兴大任的时代新人！

快来评一评

评价标准	党的名称	和党旗党徽合影	画党旗党徽	我是小记者
自己评	☆	☆☆	☆☆☆	☆☆☆☆
小组评	☆	☆☆	☆☆☆	☆☆☆☆
班级评	☆	☆☆	☆☆☆	☆☆☆☆

扫一扫，了解更多

第四章　少先队的创立者和领导者

你知道中国少年先锋队的创立者和领导者是谁吗？

一、了解少先队的创立者和领导者

中国少年先锋队的创立者和领导者是中国共产党。

中国少年先锋队第一个先期组织是安源儿童团。1922 年 9 月 11 日，在中国共产党的领导下，中国少年先锋队第一个先期组织在安源诞生，它是中国少年先锋队的根源。今天我们一亿三千万少先队员，就是从安源儿童团的 7 个儿童团员发展起来的。

想了解少先队组织的诞生和发展吗？扫描下方二维码一起观看共青团中央发布的短片《致敬红领巾》吧！

扫二维码看短片《致敬红领巾》

二、少年儿童运动史

（一）安源儿童团

在新中国成立之前，很多少年儿童过着饥寒交迫的生活，没有受教育的机会。中国共产党十分关心他们，将他们组织起来，鼓励他们跟着大人到工人夜校学习。1922 年，在湖南、江西边界的安源矿区，党创建了第一个少年儿童革命组织——安源儿童团。从此，在党直接领导下的少年儿童运动就蓬勃开展起来。

我志愿加入安源儿童团

▶▶ 图为短片《致敬红领巾》镜头：儿童团工作领导人、共产党员黄静源带领儿童团员宣誓。

（二）劳动童子团

随着安源大罢工的伟大胜利，安源儿童团在党的领导下不断发展起来。1924年在安源儿童团组织的基础上建立了劳动童子团，团员们都是当时的工人子弟。领导劳动童子团工作的是工人俱乐部的代理主任、共产党员黄静源。从1925年开始，继安源儿童团之后，在上海、武汉、天津、唐山、广东、湖南、江西、海南等地先后建立起了劳动童子团，团员达15万人。从那时起党把领导儿童组织的任务委托给了共青团，直到今天。所以《中国少年先锋队章程》第二条指明，中国少年先锋队的创立者和领导者是中国共产党。党委托中国共产主义青年团直接领导中国少年先锋队。

▶ 劳动童子团佩戴的红领带

20世纪20年代，在劳动童子团团员中有一位小英雄，他叫朱长林，是上海祥生船厂的童工。1927年2月，北伐军占领杭州逼近上海，上海工人决定举行第二次武装起义。为了宣传工人罢工和武装起义的重大意义，根据上级指示，朱长林和小伙伴们在英美烟厂门口贴标语、撒传单、做演讲，朱长林不幸被捕。敌人对他进行严刑拷打，但他始终没有透露党的机密。第二天他被敌人杀害了，凶残的敌人砍下了他的头颅示众。朱长林牺牲了，他是我们党领导的革命斗争史上，有文字记载的第一位少年英雄。

（三）共产主义儿童团

1927 年到 1937 年，我们革命儿童的组织叫共产主义儿童团（简称共产儿童团）。这个时期的小英雄代表有郭滴海、张锦辉、严锡祥等。

▶▶ 1932 年国际青年节，中央苏区共产主义儿童团大检阅。

▶▶ 儿童团员在表演红军舞。

（四）抗日儿童团

在抗日战争时期，凡是我们党领导的抗日根据地都建立了抗日儿童团。抗日儿童团在党的领导下站岗放哨、送信、侦察敌情、捉汉奸，儿童团员在中华民族最危急的时候挺身而出，英勇战斗，为民族解放做出了贡献。松溪抗日儿童团中的小英雄代表有张六子、王璞、姜墨林、李爱民、李克元、金汉等。

▶▶ 抗日战争时期晋察冀边区的儿童团员们高唱革命歌曲。

▶▶ 1946 年冬，黑龙江省儿童团员在村口放哨。

（五）儿童团和地下少先队

解放战争时期，我国革命儿童组织在抗日儿童团的基础上，又有了很大发展。解放区的儿童团在党的领导下，斗地主，支援前线；站岗放哨，侦察敌情；拥军优属、照顾伤员，向俘虏宣传党的政策，宣传解放区的生活，工作非常活跃。在国民党统治区，地下党组织也建立了革命儿童组织，他们印发传单、张贴标语、收集情报、传递消息，宣传解放军的胜利消息，揭露国民党反动派的阴谋，尤其是在国民党统治的政治经济中心上海，地下党为了团结、教育少年儿童，创办了《新少年报》，秘密地组织了地下少先队，他们为人民解放战争做出了贡献。这个时期的小英雄有刘胡兰、林森火、谢荣策、岳云贵、宋振中等。

▶ 解放战争时期，东北某地的儿童团员在听解放军叔叔讲革命故事。

（六）中国少年先锋队

1949 年 10 月 1 日，中华人民共和国成立。10 月 13 日，团中央根据党中央的指示，发布在全国建立中国少年儿童队的决议。1953 年 6 月，中国少年儿童队改名为中国少年先锋队。10 月 13 日是中国少年先锋队建队纪念日。七十多年来，中国少年先锋队在我国社会主义革命和建设中发挥着团结、教育广大少年儿童的重要作用，一代代少先队员在党的关怀下茁壮成长。

▶ 1949 年 11 月 13 日，辽宁省沈阳市三经路小学举行入队仪式，这是新中国成立后最早宣誓入队的一批少先队员。

▶ 1951 年，上海市肇周路小学举行新队员入队宣誓仪式。

请根据前面的内容，并查找相关资料，试着填一填下面这个表格吧！

序号	儿童组织名称	中国共产党做什么	少年儿童做什么
1			
2			
3			
4			
5			
6			

1. 新中国成立初的队活动

新中国成立初期的儿童队员们，积极参加了土地改革、镇压反革命和抗美援朝等运动。在"三反""五反"斗争中，少先队员开展了"三要三不要"活动。

"三要"是指要爱护公物、要爱惜时间、要艰苦朴素，"三不要"是不要损人利己、不要浪费、不要贪小便宜和拿别人东西。这些活动创造性地将少年儿童的活动与全国的运动联系了起来。

▶ 1951年—1952年，全国少年儿童积极参加收集废铜、废钢铁，打柴割草，饲养小牲畜等活动，用自己的劳动成果和节约下来的零花钱，支持购买飞机、枪炮，捐建"少年号"，支援前线。

▶ 上海市少年儿童队员在街头用漫画宣传"抗美援朝，保家卫国"。

1955年我国正在进行社会主义建设的第一个五年计划，北京、江苏、辽宁的队员倡议开展"小五年计划"活动，活动提出了几方面的内容：栽培植物、饲养动物、帮助农业生产合作社和家庭做事、帮助学校制作简单的教学实验工具、绿化环境、绿化学校、做"小先生"参加扫盲工作。

▶ 瞧！这位河南省的少先队员笑得多开心，在麦收期间他拾回100多斤麦子。

▶ 北京市第五十五中学的少先队员在收获向日葵。

1963年3月，毛泽东主席发出了"向雷锋同志学习"的号召，全国少先队员热烈响应，迅速行动起来，听雷锋故事，读雷锋日记，和雷锋班战士通信，做针线包、节约箱，建光荣簿，等等。直到今天，我们的学雷锋活动一直在持续开展，有的学校还成立了雷锋中队、雷锋小队。

▶▶ 共青团中央追认雷锋同志为全国优秀少先队辅导员。雷锋经常给少先队员们讲解放军的光荣传统和革命烈士的故事。

▶▶ 山东省平度实验小学学雷锋小组坚持18个寒暑照顾五保户姚奶奶。这是历届学雷锋小组的部分少先队员同姚奶奶一起欢度1981年元宵节。

2. 改革开放以来的队活动

改革开放以来，少先队组织的活动更加丰富多彩，各级少先队组织普遍开展了"我们爱科学"活动、"人人争戴新风尚小红花"活动、"红领巾读书读报奖章"活动、全国少先队创造杯竞赛活动、学赖宁活动、雏鹰争章活动、少年军校活动、少年科学院活动、手拉手活动等一系列少先队教育活动。

▶▶ 山东省昌乐县昌乐镇中心小学红领巾文明服务队节假日活跃在农贸市场。

▶▶ 让春风吹走错别字。北京复兴路小学的少先队员在"创造杯"活动中，走向社会消灭错别字。

▶▶ 陕西省岐山县永乐学校的少先队员，自愿组成"红领巾护路组"，利用课余时间站岗放哨、护路排障、拦马救人，被誉为"铁道小卫士"。

▶▶ 四川省石棉县新棉镇小学开展学习英雄赖宁活动。

▶▶ 全国少工委组织开展"雏鹰争章"活动。

▶▶ 浙江省长兴县某小学开展"少年军校"春训活动。图为孩子们在军训中集体敬礼。

▶▶ 北京小学的少先队员踊跃向灾区捐款。

▶▶ 全国少年儿童用自己的压岁钱、零用钱建起的第一所手拉手希望小学在西柏坡落成。

五代领导人寄语

毛泽东同志、邓小平同志、江泽民同志、胡锦涛同志、习近平同志
对少年儿童的希望要求

好好学习
天天向上

毛泽东

立志做有理想、
有道德、有知识、
有体力的人

邓小平

星星火炬
代代相传

江泽民

勤奋学习
快乐生活
全面发展

胡锦涛

从小学习做人
从小学习立志
从小学习创造

习近平

▶ 五代领导人对少年儿童的希望要求

课后任务卡

这节课的内容你都记住了吗？一起看看你能摘到几颗星？

1. 能够说出少先队的创立者和领导者是中国共产党。可以发语音到自己的班级群哦。★

2. 能够说出建队纪念日是哪一天？可以让爸爸妈妈考考你哦。★★

3. 记住五代领导人的寄语并选择自己喜欢的写一写。★★★

4. 给爸爸妈妈讲讲你知道的少年儿童运动史上小英雄的故事。★★★★

快来评一评

评价标准	队的创立者和领导者	记住建队纪念日是哪一天	写写五代领导人寄语	讲讲小英雄故事
自己评	☆	☆☆	☆☆☆	☆☆☆☆
小组评	☆	☆☆	☆☆☆	☆☆☆☆
班级评	☆	☆☆	☆☆☆	☆☆☆☆

扫一扫，了解更多

第五章　认识共青团

每年的入队仪式上都会出现党、团、队旗的传递环节，那你认识这三面红旗吗？

中国共产党党旗　　中国共产主义青年团团旗　　中国少年先锋队队旗

大家知道吗？党委托中国共产主义青年团直接领导中国少年先锋队。

几十年来，共青团积极担负起带领少先队的光荣任务。他们为少先队聘请辅导员，建立少先队工作委员会，建立少年宫等校外教育基地，组织开展丰富多彩的活动，为少年儿童的健康成长创造条件。他们"全团带队"，实现了对少先队的具体领导，少先队工作得到了蓬勃发展。

少先队是共青团的预备队，共青团是共产党的后备军。党的事业把少先队与共青团联系在一起。中共中央总书记、国家主席、中央军委主席习近平爷爷在致少先队建队70周年贺信中要求，少先队在共青团的带领下，"牢记初心使命，始终听党的话、跟党走，让红领巾更加鲜艳"。

加入共青团是少先队员成长进步的重要政治标志。中学少先队组织会推荐具有坚定的理想信念、深厚的家国情怀和良好的道德品行，能发挥模范带头作用的优秀少先队员作为团的发展对象呢。今天就让我们一起了解共青团和团员大哥哥大姐姐的故事吧！

一、了解团旗

团旗是中国共产主义青年团性质和任务的象征。旗面为红色，象征革命胜利；左上角缀黄色五角星，周围环绕黄色圆圈，象征中国青年一代紧密团结在中国共产党周围。

▶▶ 团旗

二、了解团徽

▶▶ 团徽

团徽上面有团旗、齿轮、麦穗、初升的太阳及其光芒，以及写有"中国共青团"5字的绶带，象征着共青团在马克思列宁主义、毛泽东思想等的光辉照耀下，团结各族青年，朝着党所指引的方向奋勇前进。

三、共青团都做什么

那共青团由哪些人组成呢？

年龄在 14 周岁以上 28 周岁以下的中国青年，承认团的章程，愿意参加团的一个组织并在其中积极工作，执行团的决议和按期交纳团费的，可以申请加入中国共产主义青年团。

那他们主要做哪些工作呢?

一、组织青年

二、引导青年

三、服务青年

四、维护青少年合法权益

四、我们的榜样

2020 年以来，广大团员、团干部听党号令、跟党奋斗，迎难而上、建功立业，立足岗位、争创一流，特别是在决胜全面建成小康社会、决战脱贫攻坚以及抗击新冠肺炎疫情等实践中，充分发挥生力军和突击队作用，勇敢完成党赋予的任务，涌现出一大批先进典型，展现出新时代共青团的良好风貌。2021年，共青团中央授予张艺文等447人"全国优秀共青团员称号"，授予苏兴博等345人"全国优秀共青团干部称号"。让我们去了解一下他们的事迹吧。

▶▶ 苏兴博：全国优秀共青团干部，"反诈骗"的警队先锋

▶▶ 李杰：全国优秀共青团干部，让科学之"光"与灵魂之"火"相交融

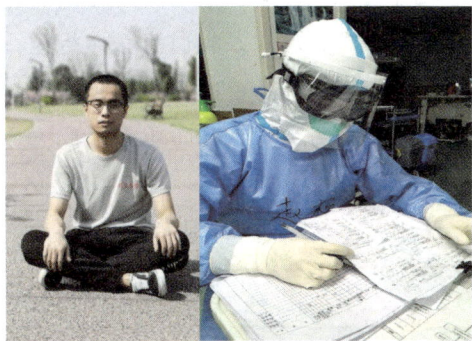

▶▶ 赵杨：全国优秀共青团员，战斗在抗疫一线的"南丁格尔"

▶▶ 李山：全国优秀共青团员，巡走在铁轨间的忠诚卫士

习近平爷爷对团员大哥哥大姐姐说过这样一句话："共青团是党的助手和后备军。"这是肯定，也是激励。而我们，应该以团员大哥哥大姐姐为榜样，好好学习，不断进步。

课后任务卡

这节课的内容你都记住了吗？一起看看你能摘到几颗星？

1. 准确表述团的全称：中国共产主义青年团。★

2. 和团旗团徽合个影。★★

3. 说一说它们的名字。★★★

4. 讲一讲团员大哥哥大姐姐的故事。★★★★

从少先队员，到共青团员，再到共产党员，是我们人生进步成长的"三级阶梯"。现在，我们的目标是努力登上第一个台阶，成为一名光荣的中国少年先锋队队员，将来我们还要继续努力成为一名光荣的共青团员、共产党员。

快来评一评

评价标准	团的全称	和团旗团徽合个影	认识团旗团徽	讲讲团员哥哥姐姐的故事
自己评	☆	☆☆	☆☆☆	☆☆☆☆
小组评	☆	☆☆	☆☆☆	☆☆☆☆
班级评	☆	☆☆	☆☆☆	☆☆☆☆

扫一扫，了解更多

第六章　学写入队申请书

一、怎么写入队申请书

《中国少年先锋队章程》第十一条规定："凡是6周岁到14周岁的少年儿童，愿意参加少先队，愿意遵守队章，向所在学校少先队组织提出申请，达到入队要求后，经批准，就成为队员。"那么，怎么写入队申请书呢？

入队申请书由以下7部分组成：

1. 标题。"中国少年先锋队入队申请书"要写在第一行中央，字可写得稍大一些。

2. 称呼。标题下空两行，顶格写上"敬爱的少先队组织"，后面加冒号。

3. 表明身份。我叫"＿＿＿"，是＿＿＿＿学校＿＿年级＿＿班的学生。

4. 表决心。我自愿加入中国少年先锋队。我决心听党的话，做党的好孩子。

5. 入队后表现。戴上红领巾后，我会好好学习，天天向上，为红领巾增光添彩。

6. 申请人。右下角填写自己的姓名。

7. 日期。右下角"申请人"下面写上"＿＿＿＿年＿＿＿月＿＿＿日"。

中国少年先锋队入队申请书
zhōng guó shào nián xiān fēng duì rù duì shēn qǐng shū

jìng ài de shào xiān duì zǔ zhī
敬爱的少先队组织：

wǒ jiào   shì   xué xiào

　　我叫＿＿＿＿＿＿，是＿＿＿＿＿＿学校＿＿＿

nián jí   bān de xué shēng wǒ zì yuàn jiā rù zhōng guó shào nián xiān fēng duì wǒ jué xīn tīng dǎng de huà

年级＿＿＿＿班的学生。我自愿加入中国少年先锋队。我决心听党的话，

zuò dǎng de hǎo hái zi dài shàng hóng lǐng jīn hòu wǒ huì hǎo hǎo xué xí tiān tiān xiàng shàng wèi hóng lǐng jīn zēng

做党的好孩子。戴上红领巾后，我会好好学习，天天向上，为红领巾增

guāng tiān cǎi

光添彩。

shēn qǐng rén

申请人：＿＿＿＿＿＿＿＿

nián   yuè   rì

＿＿＿年＿＿月＿＿日

你知道吗？

　　一年级小学生想加入少先队，要向学校少先队大队提出书面入队申请。

　　入队申请书中说："我决心听党的话，做党的好孩子。"你觉得如何做才算是"听党的话，做党的好孩子"呢？

我觉得要做到_____，
_____。

二、怎样为红领巾增光添彩

想一想

同学们，我们戴上红领巾，怎样才能为红领巾增光添彩呢？先让我们一起来了解一下这些"新时代好少年"是怎么做的吧！

▶▶ 2020 年度"新时代好少年"刘雨墨。

刘雨墨从 6 岁开始就跟随父母参加志愿服务活动，成为影响一城的少年义工。

▶▶ 2020 年度"新时代好少年"余梓洋。

余梓洋是井冈山上义务讲解的"小红军"，她唱山歌、做讲解、宣精神，用动听的声音诉说着井冈山最动人的红色故事。

▶▶ 2020 年度"新时代好少年"赵泽华。

赵泽华为了给父母减轻负担，他每天早上擀 600 多个包子皮。

做一做

我们向这些优秀的大哥哥大姐姐学习可以为红领巾增光添彩。除了这些，我们还能怎么做，才能为红领巾增光添彩呢？

我们可以 ＿＿＿＿＿＿＿＿＿＿＿＿，为红领巾增光添彩。

快快行动起来，向优秀的大哥哥大姐姐好好学习！

课后任务卡

这节课的内容你都记住了吗？一起看看你能摘到几颗星？

1. 把你写的入队申请书拍照发到班级群里晒一晒吧。★

2. 把你的入队申请书大声读一读，让爸爸妈妈听一听，可以把录音发到班级群里。★★

3. 和你的爸爸妈妈说一说，自己入队以后会怎样为红领巾增光添彩，也可以把录音发到班级群里。★★★

以上三项任务，同学们可以选择自己喜欢的一项或两项完成，也可以都完成，完成后不要忘了告诉老师呀！看看你能摘得几颗星。

小朋友们，快快向你所在的少先队组织提交入队申请书，争取早日成为一名光荣的少先队员，用你们的实际行动为红领巾增光添彩吧！在我们大家的共同努力下，我们的红领巾一定会更加鲜艳！

快来评一评

评价标准	写一写 入队申请书	读一读 入队申请书	说一说 怎么为红领巾增光添彩
自己评	☆	☆☆	☆☆☆
小组评	☆	☆☆	☆☆☆
班级评	☆	☆☆	☆☆☆

分批入队工作学习与实践指导

扫一扫，了解更多

第七章 我们的队旗

下面两面旗是中国少年先锋队（简称"少先队"）的队旗，让我们一起认识一下它吧！

▶▶ 大队旗

▶▶ 中队旗

　　队旗是少先队组织的标志。五角星加火炬的红旗是少先队队旗，五角星代表中国共产党的领导，火炬象征光明，红旗象征革命胜利。

一、队旗的规格

队旗颜色采用国旗红，可用布、绸、缎等材料按照标准制作。

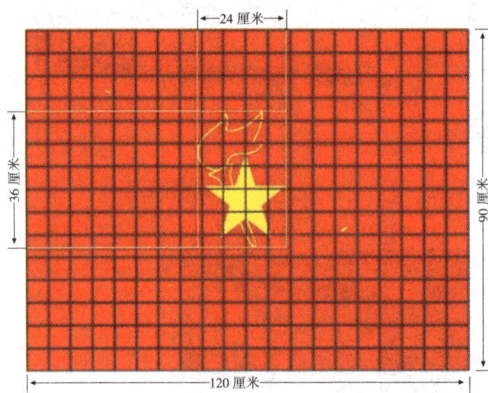

▶ 大队旗

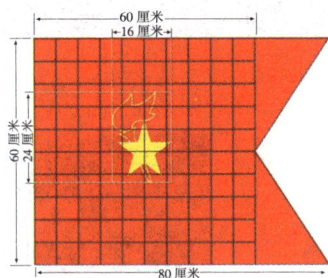

▶ 中队旗

大队旗长 120 厘米、高 90 厘米。旗中心是五角星和火炬，五角星为黄色，火炬由黄色线条勾勒出轮廓。大队旗是少先队大队集体的标志。

中队旗长 80 厘米、高 60 厘米。右端剪去高 20 厘米、底宽 60 厘米的等腰三角形，形成一个三角形缺口，五角星及火炬在以 60 厘米为边长的正方形中心。中队旗是少先队中队集体的标志。

你都在哪见过队旗呀？

队旗是少先队组织的标志，我们平时在使用的时候应该注意什么呢？同学们跟我一起看看吧。

▶ 少先队活动室

▶ 少先队活动

▶ 入队仪式

二、队旗的使用

下列场合应该使用队旗：

1. 少先队组织在开展集体活动时；

2. 少先队大（中）队举行入队仪式时，初中少先队大队举行离队仪式时；

3. 成立少先队大队或中队时；

4. 少先队组织举行重要会议时。

除上述情况外，使用队旗及其图案须经县级（含）以上少工委批准。

使用队旗时应严格注意：

1. 队旗平时应陈列在队室，不悬挂。

2. 队旗及其图案不得用于商标、商业广告以及商业活动。

3. 各级少先队组织不得使用破损、污染、褪色或不符合制作规定的队旗。

队旗的旗手

1 名少先队员旗手和至少 2 名少先队员护旗手组成旗手组合。

▶ 执旗立正

▶ 执旗敬礼

少先队员要热爱队旗，在少先队集会、活动中，出旗、退旗时应敬队礼。旗手右手握旗杆下部贴腰，左手伸直握旗杆中上部，队旗倾斜成约 45 度角。升国旗仪式上，少先队员要敬队礼，旗手要执旗敬礼。

课后任务卡

这节课的内容你都记住了吗？一起看看你能摘到几颗星？

1. 与小伙伴们一起和队旗合个影吧！★

2. 让我们拿起画笔，画一画我们的队旗吧！画的时候一定区分大队旗和中队旗哦！画完后，上传到自己的班级群，比一比谁是班级小画家。★★

3. 把活动中学到的队旗的含义讲给爸爸妈妈听，可以录制音频发到班级群，比一比谁说得最准确。★★★

4. 与两个小伙伴组成旗手组合，练习一下如何执旗敬礼吧！看谁的动作最标准。★★★★

> 队旗是少先队组织的标志。你认识队旗并知道它的相关知识了吗？

快来评一评

评价标准	与队旗合影	准确认识队旗	知道队旗的含义	正确使用队旗
自己评	☆	☆☆	☆☆☆	☆☆☆☆
小组评	☆	☆☆	☆☆☆	☆☆☆☆
班级评	☆	☆☆	☆☆☆	☆☆☆☆

扫一扫，了解更多

第八章　我们的队徽

这是中国少年先锋队的队徽，是少先队组织的象征。让我们一起认识一下它吧！

中国少先队

▶▶ 中国少年先锋队队徽

队徽及其图案、星星火炬名义不得用于商标、商业广告以及商业活动。各级少先队组织不得使用不符合规范的队徽。

一、队徽的使用范围

▶▶ 在少先队组织和各类活动中正确使用队徽

队徽是少先队组织的象征，使用范围是：

1. 少先队各级代表大会等重要场合应悬挂队徽；

2. 少先队队室、中队角等少先队标志性阵地应悬挂队徽或张贴队徽图案；

3. 团委、少工委的会议室可以悬挂队徽或张贴队徽图案；

4. 有关少先队的外事场合可以悬挂队徽或张贴队徽图案；

5. 少先队的各级组织颁发的奖状、奖旗、奖章、证书和其他荣誉性文书、证件上可以印队徽图案；

6. 少先队的报刊和出版物、新媒体文化产品、网站上可以使用队徽图案。

除上述情况外，使用队徽及其图案须经县级（含）以上少工委批准。不同场合使用的队徽可根据实际需要等比例制作。

二、队徽的位置

队徽的位置也很重要哦！一般是在背景物的左上、正上或正中的位置。

▶ 左上

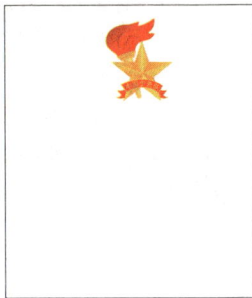

▶ 正上

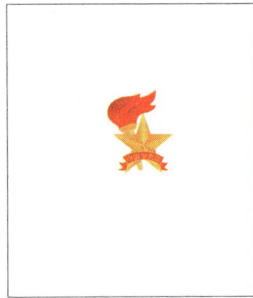

▶ 正中

队徽是谁设计出来的呢？

队徽是少先队组织的象征，是团中央主办的《辅导员》杂志美编刘恪山同志设计出来的，经1990年全国第二次少代会确认。

三、队徽知识我知晓

火炬 ————
（火炬象征光明）

————— 五角星
（五角星代表中国共产党的领导）

中国少先队

红色绶带 ————
（绶带上写有"中国少先队"五个字）

　　五角星加火炬和写有"中国少先队"的红色绶带组成少先队队徽。五角星、"中国少先队"五个字和火炬柄为金色，绶带和火炬的火焰为正红色，火焰和绶带镶金边，"中国少先队"字体为黑体。

拼一拼

怎样拼成一个队徽呢，将拼图序号填在右边的九宫格内吧。

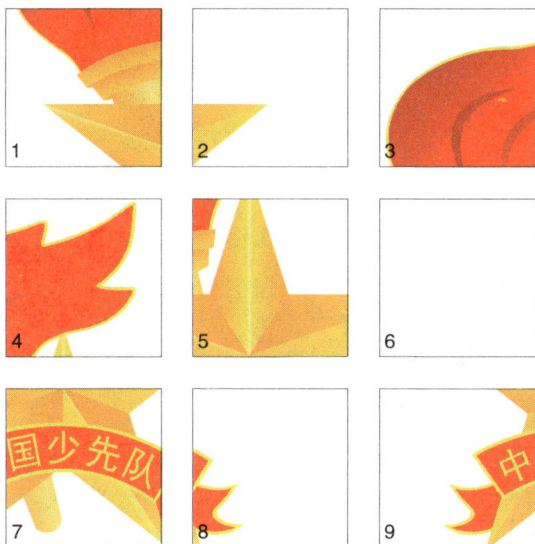

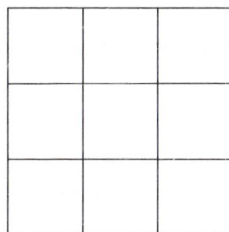

1

2

3

4

5

6

7 国少先队

8

9 中

正确的拼图顺序

到了炎热的夏天，少先队员可以不戴红领巾，可以在胸前佩戴队徽徽章。

2.2厘米

中国少先队

1.8厘米

队徽徽章的规格为高2.2厘米，宽1.8厘米。离队时应珍藏好。

课后任务卡

这节课的内容你都记住了吗？一起看看你能摘到几颗星？

1. 认识标准队徽。★

2. 连一连：请给党徽、团徽、队徽找朋友。★★

党徽

团徽

队徽

3. 涂一涂：请给队徽涂上正确的颜色。★★★

中国少先队

4. 说一说：队徽的组成。

（　　　）加（　　　）和写有"（　　　）"的红色绶带组成少先队队徽。五角星代表（　　　），火炬象征（　　　）。★★★★

快来评一评

评价标准	认识标准队徽	分清党徽团徽队徽	队徽的颜色	队徽的组成
自己评	☆	☆☆	☆☆☆	☆☆☆☆
小组评	☆	☆☆	☆☆☆	☆☆☆☆
班级评	☆	☆☆	☆☆☆	☆☆☆☆

扫一扫，了解更多

第九章　少先队的作风

家有家风，校有校规，我们少先队也有自己的作风——诚实、勇敢、活泼、团结，让我们一起来聊聊少先队的作风。

一、诚实

诚实是种好品质，说话老实讲事实，办事老实要认真，做人老实要正直。

诚实就是要说老实话，办老实事，做老实人，不说谎，不骗人。

二、勇敢

勇于认错改缺点，困难面前不躲闪，
遇到挫折我不怕，处事冷静又大胆。

这些少年英雄的故事，你了解吗？请给大家讲一讲吧！

▶ 给八路军送鸡毛信的儿童团长海娃

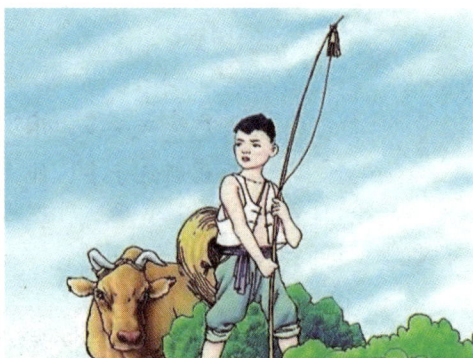

▶ 抗日小英雄、儿童团员王二小

▶ 电影《闪闪的红星》中的小交通员潘冬子

▶ 电影《小兵张嘎》中的小侦查员张嘎子

　　勇敢就是为了人民的利益，敢于同敌人、同困难做斗争。对待学习、工作和生活中碰到的困难，要努力战胜它，要勇于批评与自我批评，对待自己身上存在的缺点和错误，要下决心去克服和改正。

三、活泼

　　活泼就是指思想活跃，敢想敢说；有钻研精神，爱动脑筋；性格开朗，朝气蓬勃，对学习、工作、生活充满信心和力量。

　　爱好广泛兴趣多，乐观开朗朋友多。
　　勇于创新点子多，能文能武快乐多。

▶ 章丘区实验小学鼓号队员在区少代会上承担演奏任务后合影留念

比一比，细评判

他们两个人谁才是真正值得提倡的"活泼"呢？

小明是一位非常聪明的小朋友，课上老师问的问题，他都能很快回答出来。但是他不虚心，课上不认真听讲，经常弄出声音；课下，他活泼好动，经常在楼道里奔跑，和其他同学打闹，甚至打哭其他同学。

小刚也是一位聪明的小朋友，他喜欢钻研科学知识，搞科技小发明，他性格开朗，遇事爱问个为什么。他和他的小伙伴们一起用日常生活中找到的小零件，发明了会"说话"的文具盒、声控的夜光拖鞋等。

四、团结

团结就是尊敬长辈，爱护弟妹，与同学互相关爱，互相学习，共同进步。

一根筷子易折断，十双筷子难折弯。

心相连，手儿牵，团结一心过难关。

▶▶ 章丘区杨胡小学少先队员与队旗合影。

说优点，讲不足

进入一年级已经有一段时间了，对照少先队作风"诚实、勇敢、活泼、团结"，请同学们以小组为单位讨论一下，自己哪些地方做得好，哪些地方有不足？

我发现自己遇到困难就退缩，而且对班级里的事情不够热心……

在运动会接力比赛中，我在接棒时出现了失误，我们班本来一直领先，结果最后没有获得名次……从那以后，我就有点害怕代表班级参加比赛，也不敢承担责任，服务大家了。我觉得这样不好，我要努力改正，勇敢一些，多担当一些。

找到了问题，发现原因后，我们就可以"对症下药"啦，试着为自己的不足开"药方"吧！

第一步：为自己开个小"药方"。

病症：

缺乏面对挫折的勇气。

药方：

· 接受失败并分析原因。

· 要对自己充满信心。

· 越是困难越要坚持。

· 在集体中勇挑重担。

111

第二步：寻找身边的榜样。

第三步：与自己的榜样订立一个手拉手的约定，向他学习，共同进步！

手拉手约定：

我的榜样是＿＿＿＿＿＿＿＿＿＿

我的目标是＿＿＿＿＿＿＿＿＿＿

我要像他（她）一样坚持做到＿＿＿＿＿

请榜样来检验我坚持的成果＿＿＿＿＿

课后任务卡

这节课的内容你都记住了吗？一起看看你能摘到几颗星？

1. 准确表述队的作风：诚实、勇敢、活泼、团结。★

2. 将《队的作风记心中》这首歌谣朗诵给爸爸妈妈听，将录制的音频发到班级群。★★

3. 在爸爸妈妈的帮助下，对照队的作风，寻找自己的不足，定下自己的小目标并完成。★ ★ ★

只要从小就沿着正确的道路走，学到一点，就做到一点，努力做最好的自己，人生就会迎来一路阳光！

快来评一评

评价标准	表述队的作风	朗诵《队的作风记心中》	对标队的作风完成目标
自己评	☆	☆ ☆	☆ ☆ ☆
小组评	☆	☆ ☆	☆ ☆ ☆
班级评	☆	☆ ☆	☆ ☆ ☆

扫一扫，了解更多

第十章　认识红领巾

看，高年级的哥哥姐姐们佩戴的红领巾多么漂亮啊！让我们一起认识红领巾。

▶ 2020年，中国少年先锋队济南市章丘区第一次代表大会上，章丘区汇泉小学的"红领巾"们在合影留念。

一、红领巾的来历

1922 年，在湖南、江西边界的安源矿区，中国共产党创建了第一个少年儿童革命组织——安源儿童团。第一批参加的团员有王耀南、刘玉汉、张正等 7 人。1925 年，军阀突袭查封了党领导安源工人运动的机关——安源路矿工人俱乐部。

▶▶ 章丘区杨胡小学少先队员听老战士讲述红色故事。

负责人黄静源为了掩护工友，保护党的秘密，被敌人逮捕，10 月 16 日英勇就义，年仅 25 岁。儿童团员将烈士的血衣撕成布条系在脖子上，决心继承遗志，愤怒抗争，红领带就成了儿童团的标志。1926 年 7 月《劳动童子团章程》颁布，明确团员标志是红色领带。至 1950 年 4 月，青年团中央确认队员的标志是红领巾。这就是红领巾的来历。

二、红领巾的含义

红领巾是少先队员的标志。它代表红旗的一角，是革命先烈的鲜血染成的。每个队员都应该佩戴它和爱护它，为它增添新的荣誉。

红领巾规格与尺寸

红领巾规格

红领巾分为小号、大号两个规格，分别是：

小号：底边长 100 厘米、腰边长 60 厘米。

大号：底边长 120 厘米、腰边长 72 厘米。

大号：

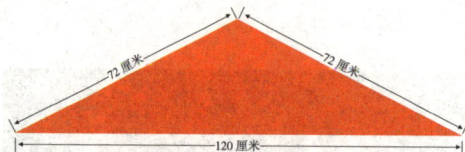

小号：

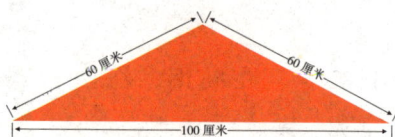

红领巾材质

红领巾颜色采用国旗红，可用布、绸、缎等材料按照标准制作。

▶ 反对佩戴"拉链款红领巾"和"免打结式红领巾"

如果你成为一名少先队员，怎么爱护红领巾呢？

▶ 绑腿

▶ 捂眼睛

▶ 认真清洗

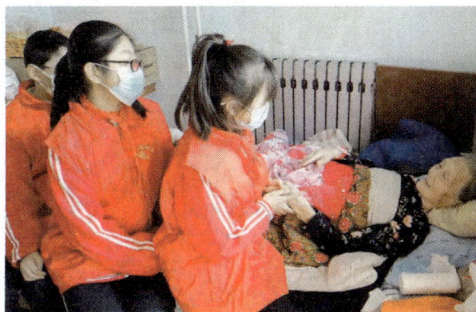

▶ 去敬老院看望老人

请小朋友一定牢记，红领巾及其名义不得用于商标、商业广告以及商业活动。

三、红领巾的佩戴

参加校内外少先队集会、活动时。

参加升国旗仪式、开学典礼、毕业典礼等重要仪式活动时。

天气炎热时可暂不佩戴红领巾，但应佩戴队徽徽章。

参加体育活动、生产劳动或在家里休息时，可以不佩戴红领巾。

　　小学低、中年级队员佩戴小号红领巾，小学高年级和初中队员佩戴大号红领巾。小学低、中年级身高较高的队员，可佩戴大号红领巾。少先队员离队时应珍藏红领巾和队徽徽章。

如何佩戴红领巾

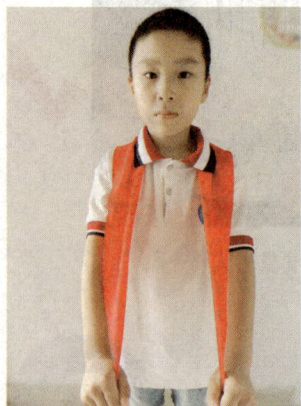

▶ 预备

红领巾不折叠，披在肩上，两角捋于胸前，左右手各捏本侧角的尖儿，两肩对齐。

▶ 左尖压右尖

两臂深度交叉，左臂在上，红领巾右角被压在底下，交叉点靠近领口。

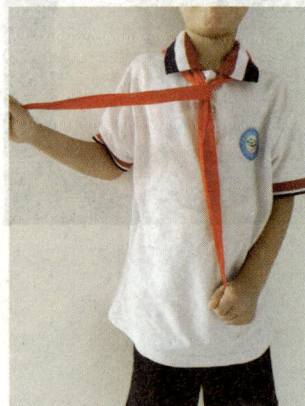

▶ 底尖转一圈

右手放开底尖，翻转到左臂之上，从左腋下取起底尖，经前拉到右边呈水平状，左手角垂直。

▶ 岔上拉底尖

从左右两角交叉点的上方拉出底角。此时底尖的这个角绕另一角成圈。

▶ 底尖穿过圈

将底尖从圈中向下穿出抽紧，使结扣呈紧缩状。

▶ 整理衣领和红领巾

将衣领翻出，压在红领巾上面。整理红领巾，使结平整，使两角舒展。

领巾披在肩，左边压右边。
右边绕一圈，小角圈中过。
两角抽抽紧，美观又大方。

四、红领巾的故事

爷爷奶奶、爸爸妈妈的记忆中都珍藏着小时候与红领巾的故事。小时候，红领巾是他们的骄傲与自豪，他们用实际行动为红领巾增光添彩；长大后，红领巾仍然是他们心中最难忘的记忆，他们为祖国的荣誉而时刻奋斗！让我们举办一次"红领巾故事会"吧，听一听身边"红领巾"们的故事。

▶▶ 章丘区汇泉小学少先队员听老党员讲故事。

小朋友们，让我们行动起来，从加入少先队做一名"红领巾"开始，努力为红领巾增添新的荣誉，长大做祖国的合格建设者和可靠接班人！

课后任务卡

同学们，一起完成入队心愿卡吧！

小·豆丁入队心·愿卡

姓名：_____ 班级：_____

做了（学会了）什么	学习之星	我的收获（感想）
慧眼识领巾	★	
巧手系领巾	★★	
红领巾含义我知道	★★★	
我会讲红领巾的故事	★★★★	
火眼金睛识对错	   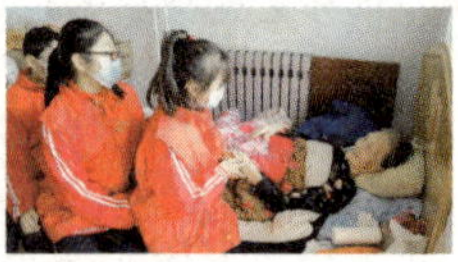	

争当"红领巾"之我的计划

_____

_____

鲜艳的红领巾飘扬在胸前，那么骄傲，那么自豪。同学们一定早日加入少先队这个大家庭中！让我们共同成长为能够担当民族复兴大任的时代新人吧！

快来评一评

评价标准	慧眼识领巾	正确 佩戴红领巾	准确说出 红领巾的含义	能讲好 红领巾的故事
自己评	☆	☆☆	☆☆☆	☆☆☆☆
小组评	☆	☆☆	☆☆☆	☆☆☆☆
班级评	☆	☆☆	☆☆☆	☆☆☆☆

扫一扫，了解更多

第十一章　我们的队礼

　　2021 年 6 月 29 日上午 10 时，"七一勋章"颁授仪式在人民大会堂隆重举行。中共中央总书记、国家主席、中央军委主席习近平向"七一勋章"获得者颁授勋章。少先队员向"七一勋章"获得者献花，并敬队礼。队礼的含义是什么？今天让我们一起来学习。

▶ 2021 年 6 月 29 日 "七一勋章" 颁授仪式上，少先队员向 "七一勋章" 获得者献花并敬队礼。

少先队队礼是少先队员最崇高的礼仪，你还在哪些场合见过哥哥姐姐们敬队礼呢？

在每周一升国旗的时候，大哥哥大姐姐们都会向国旗敬礼。

▶ 章丘区鲁能实验小学举行升旗仪式。

我看到大哥哥大姐姐见到老师的时候也敬队礼。

同学们说得对，除此之外，在一些庄严又隆重的场合里，如在队旗出场和离场时、在烈士墓前、在参与队活动仪式时都要敬队礼。

▶ 章丘区鲁能实验学校召开少代会，大队长向少先队辅导员汇报人数后互敬队礼。

▶ 章丘区实验小学少先队员与抗美援朝老兵合影。

同学们是不是也想敬一个标准的队礼呢？那就赶紧一起去学习吧！

一、规范动作我来做

立正，右手五指并拢，手掌与小臂成直线，自下至上经胸前高举头上约5厘米（约一拳），动作自然流畅，掌心朝向左前下方。

▶ 章丘区双语学校举行分批入队仪式。

二、队礼含义我知道

同学们，队礼为什么高举到头上？它有什么特殊含义吗？

行队礼时右手五指并拢，高举头上。它表示人民的利益高于一切。

"人民的利益高于一切"是什么意思呢？让我们从获得"共和国勋章"和"七一勋章"的先锋故事中去寻找答案吧。

先锋故事屋

让我们敬一个标准的队礼来表达我们从小学先锋、长大做先锋的决心吧！

▶ "共和国勋章"获得者
袁隆平

▶ "共和国勋章"获得者
钟南山

▶ "七一勋章"获得者
张桂梅

125

课后任务卡

这节课的内容你都记住了吗？一起看看你能摘到几颗星？

1. 练一练。请找一找少先队员敬队礼的视频，跟着一起练一练吧。★

2. 比一比。敬一个标准队礼，请爸爸妈妈拍下来或录下来，发到班级群，比一比谁的队礼最标准。★★

3. 说一说。请将以下文字以语音的形式发送到班级群：行队礼时，要右手五指并拢，高举头上，它表示人民的利益高于一切。★★★

4. 做一做。寻访身边好榜样，用最标准的队礼向他们致敬。★★★★

同学们，为了实现中国梦，我们如何时刻准备着？

快来评一评

评价标准	学队礼	敬队礼	说队礼含义	寻访身边好榜样
自己评	☆	☆☆	☆☆☆	☆☆☆☆
小组评	☆	☆☆	☆☆☆	☆☆☆☆
班级评	☆	☆☆	☆☆☆	☆☆☆☆

扫一扫，了解更多

第十二章 我们的呼号

在学校组织的少先队仪式中，我们经常看到辅导员和队员举起右拳，进行宣誓，宣誓的内容和动作要领是怎样的呢？让我们一起来学习一下吧！

一、呼号的内容

呼号 "准备着：为共产主义事业而奋斗！"

回答 "时刻准备着！"

二、呼号的含义

"准备着：为共产主义事业而奋斗！"这是党对少先队组织的要求，也是少先队组织的政治方向，表明了我们少先队组织的远大理想和奋斗目标！

127

"共产主义"大家说

通过前面的学习，我们认识了中国共产党，中国共产党的最高理想就是实现共产主义。那在共产主义社会，人们的生活是怎样的呢？快来跟小伙伴们说一说吧，也可以问问爷爷奶奶、爸爸妈妈。

我想共产主义社会应该是：经济发展达到了高水平，人民生活富裕，老有所养，病有所医，人人平等，善良互助，生活幸福美好，也就是习爷爷说的美丽的中国梦。共产主义当然是人类历史上最好的、最美丽的、最进步的社会。

习爷爷说

"共产主义绝不是'土豆烧牛肉'那么简单，不可能唾手可得、一蹴而就"。

"实现共产主义是我们共产党人的最高理想，而这个最高理想是需要一代又一代人接力奋斗的。"

那我们的先辈是怎样奋斗的呢？

► 方志敏　　► 雷锋　　► 王进喜　　► 邓稼先

他们都是为了国家、为了共产主义理想奋斗一生的人。这就是——为共产主义事业而奋斗！

"时刻准备着！"这句话表达了少先队员的决心与行动，也表达了少先队员为实现远大理想和目标"时刻准备着"。

同学们，我们应该做好哪些准备呢？

我们要好好学习，从自己做起，从一点一滴做起，牢记党的教导，不辜负党和人民的殷切期望，为实现中华民族伟大复兴的中国梦时刻准备着！

三、呼号的方法

呼号应由党、团组织的代表，拥护党的领导、对祖国有特殊贡献者，辅导员和其他作为少先队员表率的人，带领队员们呼号。

▶▶ 章丘区鲁能实验学校组织部分队员参加红领巾寻访活动，大队辅导员带领队员呼号。

129

呼号时，领呼人面向队员，在呼号动令后，领呼人和队员举右拳至肩上，拳于耳侧，拳心向左前方，进行呼号。呼号完毕，领呼人落下右拳，全体队员随之落下右拳。

课后任务卡

这节课的内容你都记住了吗？一起看看你能摘到几颗星？

1. 练一练。跟着辅导员一起练一练吧。★

2. 比一比。呼号回答时，只有五个字"时刻准备着"，不能多一个字，也不能少一个字。比一比谁的呼号回答更响亮。★★

3. 画一画。画出你心中的共产主义社会的美好生活。★★★

同学们，我们要时刻准备着，为共产主义事业而奋斗！

快来评一评

评价标准	我会呼号	呼号标准	画出我心中的共产主义社会美好生活
自己评	☆	☆☆	☆☆☆
小组评	☆	☆☆	☆☆☆
班级评	☆	☆☆	☆☆☆

扫一扫，了解更多

第十三章 我们的队歌

一、队歌来历我知晓

有一部电影叫作《英雄小八路》，下图为电影海报。通过这部电影，我们可以探究队歌背后的感人故事。

▶ 电影《英雄小八路》海报

《我们是共产主义接班人》是1961年电影《英雄小八路》的主题曲。这首歌由周郁辉作词，寄明作曲。1978年10月27日，中国共青团第十次代表大会通过决议，将《我们是共产主义接班人》正式定为中国少年先锋队队歌。

加入少先队组织，我们高唱队歌；召开少先队代表大会，我们高唱队歌；参加少先队活动，我们高唱队歌……队歌出现在每一个角落，今天让我们一起学习队歌。

中国少年先锋队队歌

1=♭B 2/4

周郁辉 词
寄明 曲

精神饱满地

1. 我们是共产主义接班人，继承革命先辈的光荣传统，爱祖国，爱人民，鲜艳的红领巾飘扬在前胸。不怕困难，不怕敌人，顽强学习坚决斗争。向着胜利勇敢前进，向着胜利勇敢前进前进，向着胜利勇敢前进，我们是共产主义接班人。

2. 我们是共产主义接班人，沿着革命先辈的光荣路程，爱祖国，爱人民，少先队员是我们骄傲的名称。时刻准备，建立功勋，要把敌人消灭干净。为着理想勇敢前进，为着理想勇敢前进前进，为着理想勇敢前进，我们是共产主义接班人。

二、队歌激励我成长

"我们是共产主义接班人，继承革命先辈的光荣传统……"每当队歌在耳畔响起，我们的心中就充满力量，不仅因为它的旋律高亢激昂，更因为它的歌词鼓舞人心。

了解歌词

听歌曲，感受歌曲情绪。

坚定有力、朝气蓬勃！

齐读歌词，找找队歌告诉我们少先队员应具备哪些优秀品质？

爱祖国、爱人民……

这些少年英雄的事迹，你了解吗？

▶ 刘胡兰：伟大的革命烈士　　▶ 赖宁：15岁救火少年　　▶ 陈浩：汶川地震小英雄

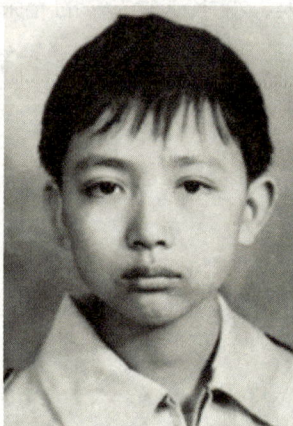

三、队歌声声藏记忆

队歌陪伴了一代又一代少先队员的成长，见证了一个又一个精彩的瞬间。让我们采访一下身边的大朋友，把我们收集到的视频、录音、照片，采访到的队歌故事和大家一起分享吧！

四、队歌大家一起唱

我们学习了队歌的历史，了解了队歌的含义，知道了队歌背后的故事，那么接下来让我们讨论一下，怎样才能把队歌唱得更好呢？讨论过后，别忘了来一场小队之间的唱队歌比赛哦！

课后任务卡

这节课的内容你都记住了吗？一起看看你能摘到几颗星？

1. 你知道我们队歌的名称吗？请你说一说歌名，用语音的形式发至班级群吧。★

2. 队歌告诉我们少先队员应该具备哪些优秀品质呢？请你说一说，用语音的形式发至班级群吧。★★

3. 课下练习演唱队歌，把队歌伴着音乐唱给你的爸爸妈妈听，用语音的形式发至班级群吧。★★★

嘹亮的队歌唱出了一代又一代少先队员坚定的决心，引领着一代又一代少先队员勇敢前进。让我们唱起这熟悉的旋律，在党的关怀下，从小学习做人、从小学习立志、从小学习创造，为实现中国梦时刻准备着！

快来评一评

评价标准	队歌名称	队歌含义	演唱队歌
自己评	☆	☆☆	☆☆☆
小组评	☆	☆☆	☆☆☆
班级评	☆	☆☆	☆☆☆

扫一扫，了解更多

第十四章　我们的誓词

中国共产党有入党誓词，中国共产主义青年团有入团誓词，中国少年先锋队也有誓词，是什么内容呢？让我们一起来学习一下吧。

一、誓词的内容

我是中国少年先锋队队员。我在队旗下宣誓：我热爱中国共产党，热爱祖国，热爱人民，好好学习，好好锻炼，准备着：为共产主义事业贡献力量！

宣誓人：×××

二、誓词的含义

我是中国少年先锋队队员。

这说明大家的身份和角色从一名普通的小学生转变成了一名光荣的少先队员。

我在队旗下宣誓——

在队旗下，少先队员庄严地表达心声！

我热爱中国共产党，热爱祖国，热爱人民——

新队员的第一个志向是做"红孩子"，听党话、跟党走，热爱中国共产党，热爱祖国和人民。这是成为少先队员的重要条件。

好好学习，好好锻炼——

勤奋学习知识、锻炼强健体魄，努力成长为德智体美劳全面发展的社会主义建设者和接班人，这是成为少先队员的必备条件。

准备着：为共产主义事业贡献力量！

少先队员要为共产主义事业奋斗，做共产主义的接班人。

▶ 章丘杨胡小学举行入队仪式，大队长带领全体队员在队旗下庄严宣誓。

三、宣誓的方法

宣誓的动作应该怎么做？

宣誓时，少先队员面向大队旗，跟随领誓人右手举拳至肩上，拳于耳侧，拳心向左前方。旗手执大队旗倾斜，旗面朝向队员，护旗手执旗帜两角展开旗面。

▶▶ 章丘区杨胡小学在烈士陵园举行入队仪式，队员们面向队旗宣誓。

课后任务卡

这节课的内容你都记住了吗？一起看看你能摘到几颗星？

1. 能够准确掌握宣誓的动作，并能够配合宣誓动作，完整朗读一遍誓词。★

2. 把下面的誓词补充完整。★★

我是_____队员。我在____下宣誓：我热爱_____，热爱_____ _____，热爱_____，好好_____，好好____，准备着：_____！

3. 请爸爸妈妈做领誓人，自己能够完整、准确地完成一次宣誓。★★★

> 队员们，你能熟练地背出誓词吗？你能准确地完成一次宣誓吗？

快来评一评

评价标准	宣誓动作	背诵誓词内容	完成一次宣誓
自己评	☆	☆☆	☆☆☆
小组评	☆	☆☆	☆☆☆
班级评	☆	☆☆	☆☆☆

扫一扫，了解更多

第十五章　为人民做一件好事

加入少先队要达到"六知、六会、一做"的基本标准。前面我们学习了"六知""六会"的知识。"一做"是什么呢？让我们一起学习一下吧。

一、"一做"的内涵

"一做"就是指入队前要为人民做一件好事。你都知道哪些为人民做好事的榜样故事呢？

二、"人民"的内涵

人民主要是指以劳动群众为主体的社会基本成员。现阶段人民是指全体社会主义劳动者、社会主义事业的建设者、拥护社会主义的爱国者和拥护祖国统一的爱国者等等。

想一想

你知道吗？

人民就是_____

_____

_____

三、"好事"的内涵

小朋友们，并非只有干惊天动地的大事或像英雄人物那样去救人、献身才是好事，只要我们做的事是对社会有利、对他人有帮助的就是好事。

说一说

我知道，对我来说做一件好事就是_____

_____

_____

做一做

请结合自己的实际，分别从以下几个场所去做件好事。

场所	能做的好事
学校里	
公共场所	
社区里	

四、做好事激励我成长

我是小雷锋
——记我入队前为人民做的一件好事

姓名		班级		日期	
我做的好事					
我的感受					
自评		互评		他评	
活动留影					

课后任务卡

这节课的内容你都记住了吗？一起看看你能摘到几颗星？

1. 完善为人民做一件好事计划书。★

2. 为人民做一件好事，用文字、照片等形式记录下来吧！★★

3. 利用好人好事簿，坚持续写"雷锋日记"。★★★

同学们，你自己是怎样做好事的，别人的评价如何呢？

同学们，你知道自己身上还存在什么缺点吗？今后打算怎样改正？

快来评一评

评价标准	完善为人民做一件好事计划书	为人民做一件好事	续写"雷锋日记"
自己评	☆	☆☆	☆☆☆
小组评	☆	☆☆	☆☆☆
班级评	☆	☆☆	☆☆☆

结　语

亲爱的小朋友们：

　　"争星之旅"暂时告一段落，相信经过你的不懈努力，已经出色地完成了各项任务，达到了"六知、六会、一做"的入队基本标准！让我们一起牢记党的教导，从小坚定听党话、跟党走的决心，刻苦学习，树立理想，砥砺品格，增长本领，争取在德、智、体、美、劳各方面获得更多更闪耀的星星，争取早日佩戴上鲜艳的红领巾，为红领巾增添新的荣誉。

我是光荣的少先队员

入队照片粘贴处

附　录

附录1

入队规程

第一章　总　则

第一条　为进一步规范少先队入队工作，保证适龄儿童充分接受队前教育，切实增强新队员的光荣感和组织归属感，根据《中国少年先锋队章程》和有关规定，制定本规程。

第二条　坚持"全童入队"组织发展原则，按照教育充分、程序规范、执行细化的总要求开展少先队入队工作。依据入队标准进行科学评价，达标一批、吸收一批。

第二章　新队员的确定和培养教育

第三条　凡是6周岁到14周岁的少年儿童，愿意参加中国少年先锋队，愿意遵守《中国少年先锋队章程》，就可以向所在学校少先队组织提出入队申请。

第四条　学校少先队组织要高度重视队前教育，加强领导，以政治启蒙、价值观塑造、组织意识培育为重点，根据少年儿童身心发展规律有计划地进行。要从一年级入学开始重点持续开展队前教育，为一年级第二学期开展入队工作打下良好基础。

第五条　学校少先队组织要以"少先队应该是少年儿童学习中国特色社会主义和共产主义的学校，应该是建设社会主义和共产主义的预备队。新时代少先队员要热爱祖国，热爱人民，热爱中国共产党，树立远大理想，培养优良品德，勤奋学习知识，锻炼强健体魄，培养劳动精神，从小学先锋、长大做先锋，努力成长为能够担当民族复兴大任的时代新人"为总目标，在"六知、六会、一做"的入队基本标准基础上，根据实际情况，制定公正、公平、公开的学校入队工作细则。入队工作细则要围绕政治启蒙、价值观塑造、组织意识培育等方面设定具体指标，针对教育过程和成果进行量化评价。入队工作细则须征求家长意见，并进行公示，经学校少工委审议通过后实施。有条件的学校可制作入队手册。

第六条　在适龄儿童完成规定时间和内容的组织教育后，通过自评、互评、他评进行量化评价，将达到学校入队评价指标的少年儿童名单进行公示。根据公示结果确定新队员名单，上报学校少工委审核批准。批准入队后，根据学校实际，分批次或集中统一举行入队仪式，填写《队员登记表》，由大队组织进行队籍档案管理。

第七条　首批入队队员一般不超过班级总人数的30%，入队后参加大队、中队、小队的组织生活。暂未入队的少年儿童，要根据学校入队评价指标，继续接受队前教育，同时也可以参加本年级少先队活动(选举、评优活动除外)。

第三章　入队基本程序

第八条　开展入队工作基本流程

学校少工委审议通过学校入队工作细则，根据细则，对拟担任中队辅导员的人选进行岗前培训，向学生家长做好学校入队工作说明。入队工作基本程序如下：

1. 开展队前教育；2. 适龄儿童向所在学校少先队组织正式提交《入队申请书》；3. 开展过程性评价，并根据评价结果，公示确定达到入队要求的儿童名单；4. 学校少工委审核批准新队员名单；5. 新队员填写《队员登记表》，少先队大队组织进行队籍档案管理；6. 分批次举行或集中统一举行入队仪式，仪式要庄重、规范、形式丰富，鼓励家长参加；7. 成立中队、小队，民主选举中队委员会和正副小队长；8. 对暂未入队的少年儿童继续根据学校入队评价指标开展队前教育，按照标准和流程分批次吸收入队，在二年级第二学期结束前完成全童入队。

第九条 入队仪式基本程序

队员入队要举行入队仪式，一般由共青团组织代表或少先队大、中队长主持。基本程序如下：

1.全体立正，仪式开始；2.出旗（奏出旗曲，全体队员敬礼）；3.唱队歌；4.大队委员会宣读组建一年级少先队组织的决定；5.大队委员会宣布新队员名单；6.为新队员授红领巾；7.新队员宣誓（由大队辅导员或大队长领誓）；8.为新建中队授中队旗；9.为新建中队聘请中队辅导员；10.党组织、团组织代表或大队辅导员讲话；11.呼号；12.退旗（奏退旗曲，全体队员敬礼）；13.仪式结束。

第四章 工作保障

第十条 新队员和新聘任的少先队辅导员，首次佩戴的红领巾、队徽、队委队长标志等由学校统一采购配发，所需经费从学校公用经费中支出。

第十一条 《入队申请书》《队员登记表》由省级少工委监制、学校少工委印制。

第十二条 新中队辅导员上岗前须经学校党组织考察，由学校少工委聘任。应以提升思想政治素质和专业能力水平为主要目标，开展中队辅导员任职前培训。

第十三条 中小学党组织要把入队工作作为少年儿童思想政治教育的重要载体，提供必要的支持保障。

第五章 附 则

第十四条 本规程由全国少工委办公室负责解释。

第十五条 本规程发布后，各省级少工委要按照本规程结合本省（区、市）实际开展试点，2020年9月全面施行。

附录2

新队员入队基本标准

发展少年儿童加入少先队要经过充分的队前教育，达到"六知、六会、一做"基本标准。

"六知"：

——知道少先队的名称：中国少年先锋队。基本要求：能准确表述队的全称。

——知道少先队的创立者和领导者：中国共产党。知道中国共产党的核心和领袖，记住习近平总书记的教导。中国共产党委托中国共产主义青年团直接领导中国少年先锋队。基本要求：能记住习近平总书记对少年儿童的教导，准确表述党和团的全称，认识党旗、团旗，认识党徽、团徽等。

——知道队旗的含义：五角星加火炬的红旗是少先队的队旗。五角星代表中国共产党的领导，火炬象征光明，红旗象征革命胜利。基本要求：能正确识别队旗图案，表述队旗含义，了解队旗如何使用。

——知道队徽的含义：五角星加火炬和写有"中国少先队"的红色绶带组成少先队的队徽。基本要求：能正确识别队徽图案，了解队徽如何使用。

——知道少先队员的标志：红领巾。它代表红旗的一角，是革命先烈的鲜血染成。每个队员都应该佩戴它和爱护它，为它增添新的荣誉。基本要求：了解红领巾的含义，能正确使用。

——知道少先队的作风：诚实、勇敢、活泼、团结。基本要求：能准确表述。

"六会"：

——会戴红领巾。基本要求：会正确佩戴红领巾。

——会敬队礼。基本要求：知道队礼含义，能规范敬队礼。

——会呼号。基本要求：熟记呼号内容，掌握呼号动作要领。

——会唱队歌。基本要求：准确表述队歌名称，会唱完整队歌。

——会背入队誓词。基本要求：会背誓词并掌握宣誓动作要领。

——会写《入队申请书》。基本要求：在老师或高年级队员的帮助下，认真写一份《入队申请书》。

"一做"：

——入队前要为人民做一件好事。

附录 3

入队申请书（参考示例）

zhōng guó shào nián xiān fēng duì rù duì shēn qǐng shū
中国少年先锋队入队申请书

jìng ài de shào xiān duì zǔ zhī
敬爱的少先队组织：

wǒ jiào　　　shì　　　xué xiào　　　nián jí　　　bān de xué shēng
我叫＿＿＿，是＿＿＿学校＿＿＿年级＿＿＿班的学生。

wǒ zì yuàn jiā rù zhōng guó shào nián xiān fēng duì　　wǒ jué xīn tīng dǎng de huà　　zuò dǎng de hǎo hái zi　　dài shàng hóng
我自愿加入中国少年先锋队。我决心听党的话，做党的好孩子。戴上红

lǐng jīn hòu　　wǒ huì hǎo hǎo xué xí　　tiān tiān xiàng shàng　　wèi hóng lǐng jīn zēng guāng tiān cǎi
领巾后，我会好好学习，天天向上，为红领巾增光添彩。

shēn qǐng rén
申请人：＿＿＿＿＿＿

nián　　　yuè　　　rì
＿＿＿年＿＿月＿＿日

附录4

队员登记表（参考示例）

zhōng guó shào nián xiān fēng duì duì yuán dēng jì biǎo
中国少年先锋队队员登记表

zhōng guó shào nián xiān fēng duì　　　　　　shì dì zhōu méng　　　　　xiàn shì
中国少年先锋队＿＿＿＿＿市（地、州、盟）＿＿＿＿＿县（市、

qū qí　　　　　　　　　　dà duì gài zhāng
区、旗）＿＿＿＿＿＿＿大队（盖章）

tián xiě rì qī　　　　　　nián　　　　yuè　　　　rì biān hào
填写日期：＿＿＿年＿＿月＿＿日　编号：＿＿＿＿＿

xìng míng 姓名		xìng bié 性别		yí cùn cǎi sè 一寸彩色
chū shēng nián yuè 出生年月		jí guàn 籍贯		miǎn guān zhào piàn 免冠照片
mín zú 民族		lián xì diàn huà 联系电话		
jiā tíng zhù zhǐ 家庭住址				
jiā zhǎng xìng míng 家长姓名	fù qin 父亲：	fǔ dǎo yuán xìng míng 辅导员姓名	dà duì fǔ dǎo yuán 大队辅导员：	
	mǔ qin 母亲：		zhōng duì fǔ dǎo yuán 中队辅导员：	
rù duì shí jiān 入队时间	rù duì 入队 dì diǎn 地点		suǒ zài zhōng duì 所在中队	
shào xiān duì 少先队 zǔ zhī guān 组织关 xì zhuǎn jiē 系转接	zhuǎn chū 转出 dà duì 大队	gài zhāng （盖章） rì qī　　nián　　yuè　　rì 日期： 年 月 日	zhuǎn rù 转入 dà duì 大队	gài zhāng （盖章） rì qī　　nián　　yuè　　rì 日期： 年 月 日
bèi zhù 备注	huò dé shào xiān duì róng yù biǎo zhāng qíng kuàng （获得少先队荣誉表彰情况）			

说明："编号"由学校少工委统一编写，一般以"入学年份＋中队序号＋队员序号"排列，如20190101，即2019年入学的1中队1号队员。

参考文献

[1] 郑洸，吴芸红主编. 中国少年儿童运动史 [M]. 天津：天津人民出版社，1992.8.

[2] 王延风编著. 优化少先队文化载体——学校少先队组织建设实操读本 [M]. 长春：北方妇女儿童出版社，2016.1.

[3] 张先翱著. 少先队教育文集 [M]. 北京：中国少年儿童出版社,2020.1.

[4] 吴海芸编著. 少年儿童队教育指南 [M]. 长春：吉林音像出版社有限责任公司，2021.1.

[5] 新征程上的青春榜样——全国"两红两优"风采录 [J]. 中国共青团，2021（10）.

[6] 贾晓薇. 全童入队背景下少先队员光荣感现状的调查研究 [D/OL]. 河北：河北师范大学，2020.http://cdmd.cnki.com.cn/Article/CDMD-10094-1020623188.htm.

[7] "双百"人物中的共产党员（2011）[EB/OL]. 中国文明网，http://www.wenming.cn/specials/zxdj/shuangbai/.

[8] 许洁. 增强少先队员光荣感的思考 [EB/OL]. [2019-03-01].http://fwpt.yp.edu.sh.cn/shskmxxzz1/info/1003/2798.htm.

[9] 传承红色基因锐意改革创新　推动少先队事业实现新发展——贺军科同志在全国少工委七届五次全会上的讲话（2019 年 10 月 14 日）[EB/OL]. [2019-11-12].http://zgsxd.k618.cn/wjk/2019/zsf/201911/t20191112_17918802.html.

[10] 中国少年先锋队章程（中国少年先锋队第八次全国代表大会部分修改，2020 年 7 月 24 日通过）[EB/OL].[2020-07-30].http://zgsxd.k618.cn/zyzx/202007/t20200730_18053861.html.